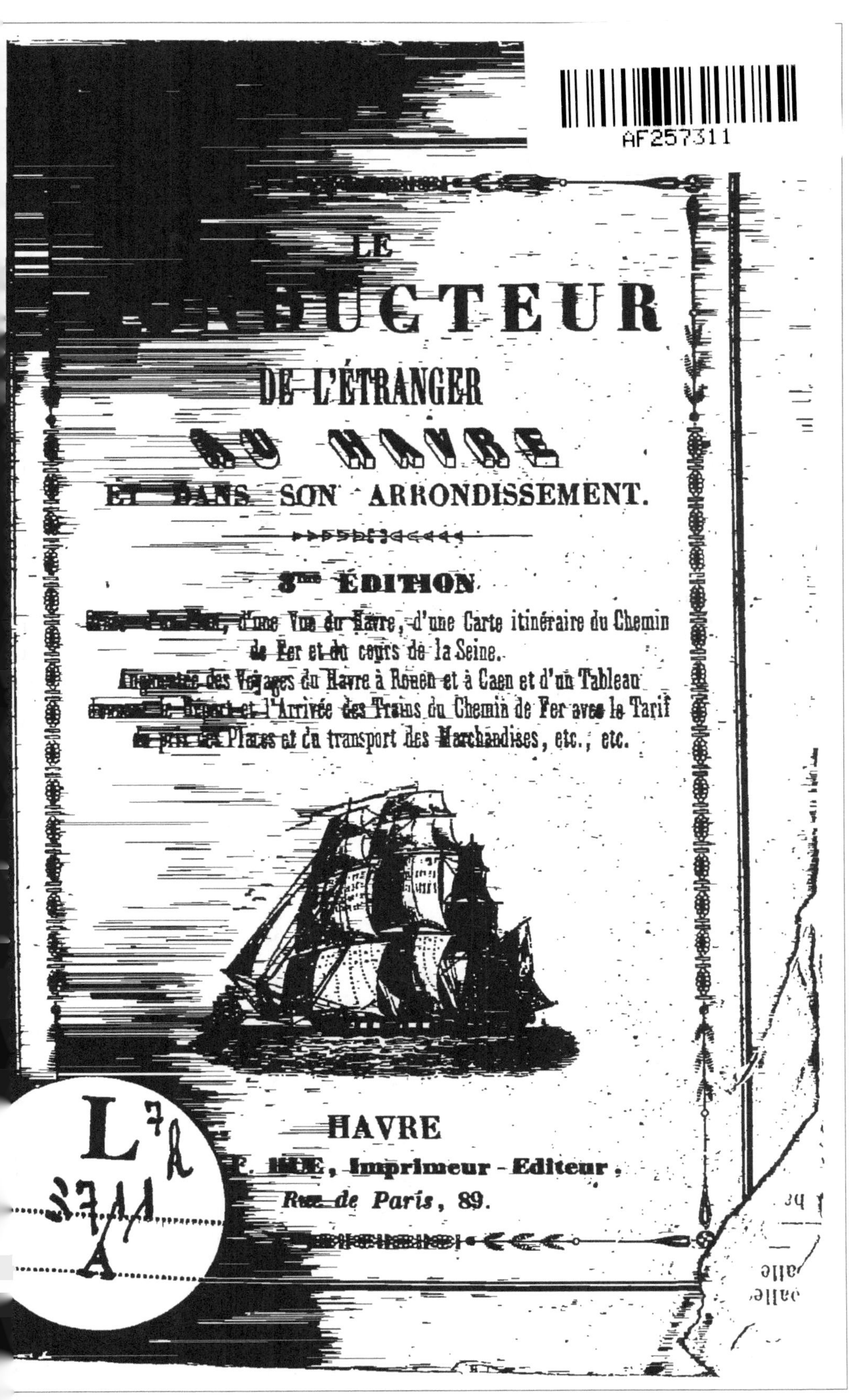

LE
CONDUCTEUR
DE L'ÉTRANGER
AU HAVRE
ET DANS SON ARRONDISSEMENT.
8me ÉDITION
Orné d'une Vue du Havre, d'une Carte itinéraire du Chemin
de Fer et du cours de la Seine.
Augmentée des Voyages du Havre à Rouen et à Caen et d'un Tableau
donnant le Départ et l'Arrivée des Trains du Chemin de Fer avec le Tarif
du prix des Places et du transport des Marchandises, etc., etc.
HAVRE
F. HUE, Imprimeur - Editeur,
Rue de Paris, 89.

LE
CONDUCTEUR
DE L'ÉTRANGER
AU HAVRE

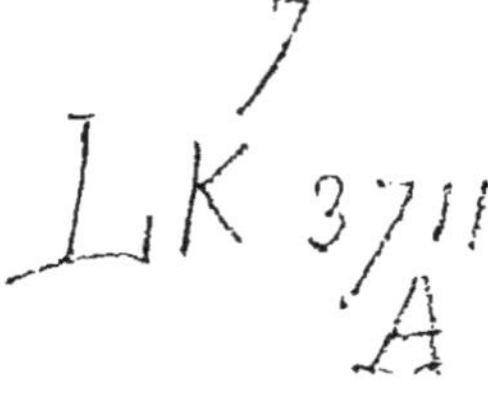

Vue du Havre prise de la mer.

LE
CONDUCTEUR

DE L'ÉTRANGER

AU HAVRE

ET DANS SON ARRONDISSEMENT.

3ᵐᵉ ÉDITION

Ornée d'un Plan, d'une Vue du Havre, d'une Carte itinéraire du Chem⸗
de Fer et du cours de la Seine.

Augmentée des Voyages du Havre à Rouen et à Caen et d'un Tableau
donnant le Départ et l'Arrivée des Trains du Chemin de Fer avec le Tarif
du prix des Places et du transport des Marchandises, etc., etc.

HAVRE

Chez F. HUE, Imprimeur-Éditeur,

Rue de Paris, 89.

HAVRE, DE L'IMPRIMERIE DE F. HUE.

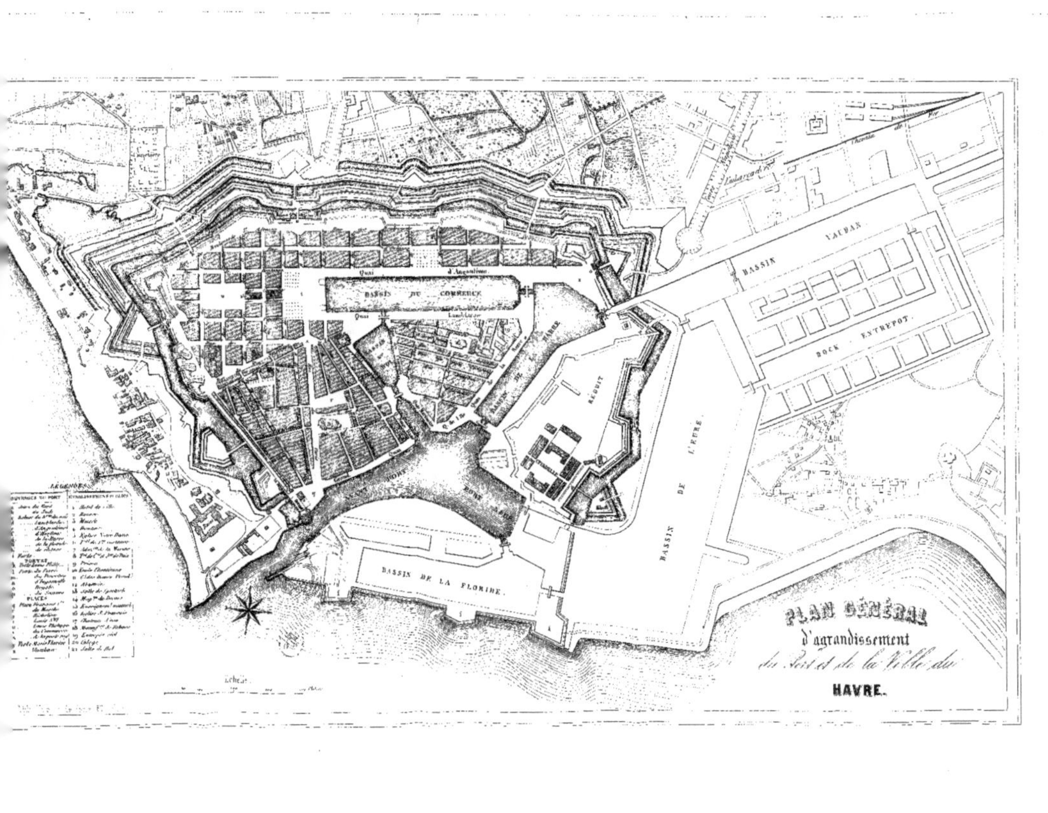

BASSIN VAUBAN
BASSIN
DOCK ENTREPOT
Quai d'Angoulême
BASSIN DU COMMERCE
Quai
BASSIN DE L'EURE
REDUIT
BASSIN DE LA FLORIDE
PLAN GÉNÉRAL
d'agrandissement
du Port et de la Ville du
HAVRE.

LE HAVRE

ET

SON ARRONDISSEMENT.

* * *

INTRODUCTION

Historique et Statistique.

* * *

Les Vélocasses et les Calètes désignés par Jules César, le triomphateur des Gaules, habitaient les lieux appelés depuis, le Vexin et le pays de Caux; et quelques vestiges reconnus par les Archéologues semblent indiquer en effet la présence de ces peuples, qui disparurent soit par l'incendie allumé par leurs propres mains, soit sous le glaive vainqueur des légions romaines. Les conquérans élevèrent des villes sur les ruines des cités gauloises; la plus remarquable, Lillebonne (*Juliabona*), fut fondée par Jules César. D'autres localités, dans l'Arrondissement du Havre, attestent encore la présence des Romains; mais ce ne sont que des souvenirs historiques. Des médailles, des ruines, des vestiges de chemin, voilà les traces que Rome a laissées de sa domination dans le pays des Calètes, dont Lillebonne était le chef-lieu.

L'histoire de ce pays ne commence donc réellement qu'au moment de l'invasion des Normands (Northmans) , sous la conduite de Rollon qui reçut le baptême, se reconnut le vassal du roi des Francs, devint duc de Normandie et partagea les terres à ses compagnons. Il n'entre pas dans les limites de notre opuscule de donner l'histoire du Duché de Normandie avant et après sa réunion à la couronne de France, seulement, lorsque nous citerons les points importans qui méritent de fixer l'attention du voyageur, nous rappellerons les particularités historiques qui s'y rattachent et les événemens dont ils ont été le Théâtre.

L'Arrondissement du Havre forme l'extrémité occidentale du département de la Seine-Inférieure; il est borné, à l'est, par l'Arrondissement d'Yvetot; au sud par la Seine; à l'ouest et au nord par l'Océan. Sa superficie est de cent quatre-vingt-six mille hectares; c'est un des plus importans de la France sous le rapport agricole. Le sol ne s'y repose jamais. On y cultive en abondance des céréales, du lin et des plantes oléagineuses, et l'on y élève avec succès des chevaux, des bêtes à cornes et à laine. L'industrie manufacturière a pris une extension prodigieuse à Bolbec, à Fécamp, à Lillebonne, à Graville, à Montivilliers; elle s'occupe principalement de la filature du tissage, de la teinture, de l'impression des cotons, de l'épuration des huiles, du raffinage des sucres, de la fabrication des machines à vapeur, de la fonte des métaux, de la fabrication des chaînes-câbles, de la construction des navires, etc. Mais ce qui mérite un examen particulier, c'est l'immense développement du port du Havre, et celui de ses relations commerciales, qui y font arriver les produits de toutes les parties du monde, soit pour se répandre dans l'Europe entière, soit pour être transportés sur tous les points du Globe. Nous renvoyons pour cette statistique industrielle aux chapitres qui traiteront séparément des villes de notre Arrondissement.

L'Arrondissement du Havre est partagé en 9 cantons formant ensemble 122 communes. En 1836 la population totale était de 142,292 habitans; elle n'était que de 134,753 en 1831 et de 112,429 en 1806.

TABLEAU

DES 122 COMMUNES

de l'Arrondissement du Havre,

PARTAGÉES EN NEUF CANTONS.

Cantons.	Communes.	Populat.	distance du Havre	
			lieues	kil.
HAVRE (le)....	Havre (le)	25618		
INGOUVILLE...	Bléville	1160	1	5
	Graville-l'Heure	7500	1	5
	Ingouville	7765		
	Sainte-Adresse	702	3/4	4
	Sanvic	2200	3/4	4
CRIQUETOT ...	Angerville-l'Orcher	1132	5	25
	Anglesqueville	547	5	25
	Beaurepaire	473	5	25
	Benouville	398	7	35
	Bordeaux-Saint-Clair	925	7	35
	Criquetot-l'Esneval	1600	5	25
	Cuverville	467	7	35
	Etretat	1591	6	30
	Fongueusemare	240	6	30
	Gonneville	718	4	20
	Hermeville	330	5	25
	Heuqueville	369	5	25
	Pierrefiques	320	5	25
	Poterie (la)	686	5	25
	Sainte-Marie-au-Bosc	235	5	25
	Saint-Jouin	1800	4	20
	Tilleul (le)	720	5 1/2	28
	Turretot	815	5	25
	Vergetot-Coudraye	300	6	30
	Villainville	260	7	35

Cantons.	Communes.	Populat.	distance du Havre	
			lieues	kil.
GODERVILLE .	Angerville-Bailleul	327	8	40
	Annouville-Vilménil	470	8	40
	Auberville-la-Renault	413	6 1/4	31
	Bec-de-Mortagne	1200	9	45
	Bornambusc	302	6	30
	Breauté	1361	7	35
	Bretteville	1385	7 1/2	38
	Daubeuf-Serville	566	8	40
	Ecrainville	1204	7	35
	Goderville	1167	7	35
	Gonfreville-Caillot	335	7	35
	Grainville-Ymauville	431	8	40
	Houquetot	380	7	35
	Manneville-la-Goupil	865	6	30
	Mentheville	350	8	40
	Mirville	372	8	40
	Saint-Maclou-la-Brière	574	9 1/2	47
	St-Sauveur d'Emalleville	580	5 1/2	27
	Sausseusemare	534	5 1/2	27
	Tocqueville-Bénarvllle	633	10	50
	Vattetot-sous-Baumont	561	8	40
	Virville	259	6	30
FÉCAMP	Criquebeuf	438	9	45
	Epreville	616	8	40
	Fécamp	9452	10	50
	Froberville	680	7	35
	Ganzeville	500	8	40
	Gerville	480	8	40
	Loges (les)	1989	7	35
	Maniquerville	291	8	40
	Saint-Léonard	1149	9	45
	Tourville	522	8 3/4	44
	Vattetot-sur-mer	704	7	35
	Yport	1400	8 1/2	43

Cantons.	Communes.	Populat.	distance du Havre	
			lieues	kil.
	Cauville	610	3 3/4	19
	Epouville	613	4	20
	Fontaine-la-Mallet	600	1 1/2	8
	Fontenay	265	3	15
	Gaineville	601	3	15
	Gonfreville-l'Orcher.	532	2 1/2	13
	Harfleur	1583	2	10
MONTIVILLIER	Manéglise	609	4	20
	Mannevillette	346	3	15
	Montivilliers	3845	2 3/4	14
	Notre-Dame-du-Bec	329	4	20
	Octeville	1923	2	10
	Rolleville	561	4	20
	Rouelles	515	1 1/2	7
	Saint-Martin-du-Manoir	434	3	15
	Cerlangue (la)	949	6	30
	Eprestot	505	4	20
	Etainhus	458	5	25
	Gommerville	585	5	25
	Graimbouville	622	5	25
	Oudales	308	4	20
	Remuée (la)	760	6	30
	Rogerville	318	5	25
	Senneville	601	4	20
SAINT-ROMAIN	Saint-Aubin-Routot	700	4	20
	Saint-Eustache-la-Forêt	726	7	35
	St-Gilles-de-la-Neuville	784	6	30
	St-Laurent-de-Brévedent	620	3	15
	St-Romain-de-Colbosc	1652	5	25
	Saint-Vigor-d'Ymonville	669	6	30
	Saint-Vincent-Craménil	457	5	25
	Sandouville	360	4	20
	Tancarville	316	7	35
	Trois-Pierres (les)	626	6 1/2	32

Cantons.	Communes.	Populat.	distance du Havre	
			lieues	kil.
BOLBEC......	Bernières	755	8	40
	Beuzeville-la-Grenier	863	5 1/2	28
	Beuzevillette	700	8	40
	Bolleville	752	11	55
	Bolbec	9802	7	35
	Gruchet-le-Valasse	1345	6 1/2	33
	Lanquetot	734	8	40
	Lintot	700	9	45
	Nointot	743	8	40
	Parc-d'Anxtot	616	7	35
	Raffetot	636	8	40
	Rouville	788	8 1/2	42
	Saint-Jean-de-la-Neuville	647	5 1/2	27
	Trouville	749	10	50
LILLEBONNE...	Auberville-la-Campagne	400	9	45
	Frenaye (la)	710	8	40
	Grandcamp	550	10	50
	Lillebonne	4000	7	35
	Melamarre	768	6	30
	Norville	611	11	55
	N.-Dame-de-Gravenchon	750	9 1/2	47
	Petit-Ville	393	10	50
	Saint-Antoine-la Forêt	621	7	35
	Saint-Jean-de-Folleville	344	9	45
	Saint-Nicolas-de-la-Taille	945	7	35
	Saint-Maurice d'Etelan	350	10	50
	Trinité-du-Mont (la)	270	9	45
	Triquerville	340	10	50

CHAPITRE PREMIER.

LE HAVRE.

Le terrain sur lequel repose la ville du Havre a été abandonné par la mer. Quelques auteurs assignent à cette ville une origine très ancienne et prétendent qu'elle aurait été élevée sur les ruines d'*Itius-Portus*, célèbre dans les Commentaires de César. Mais cette assertion, qui ne repose sur aucune preuve, tombe devant l'opinion la plus généralement accréditée qui attribue l'honneur de sa fondation à François 1er, roi de France. Ce prince, voulant opposer un boulevard aux courses des Anglais en Normandie, fit explorer les côtes de France et l'amiral Bonnioct désigna les *marais de Notre-Dame-de-Grâce* à l'embouchure de la Seine. En 1516, le Seigneur du Chillou, vice-amiral de France, reçut l'ordre de bâtir la ville et de perfectionner son port et, pour exciter son zèle, on le nomma gouverneur de la nouvelle ville, qui fut nommée *Havre*, qui signifie *port*.

On désignait autrefois la ville du Havre sous le nom de *Havre* de Notre-Dame-de-Grâce, du nom d'une chapelle dédiée à la Vierge qui occupait l'emplacement où se trouve aujourd'hui l'église Notre-Dame. Plus tard, on dit le *Havre-de-Grâce*. Depuis longtemps on ne se sert plus que du mot *Havre* qui est aussi le seul employé dans les actes publics.

En 1520, les premiers grands navires entrèrent dans le port.

En 1525, pendant la nuit du 15 janvier, les lignes de défense furent franchies par la mer; les maisons furent écroulées par la tempête et la population presque tout entière disparut pendant cette nuit terrible : la ville naissante ne présenta plus que des ruines.

En 1545, le Havre était sorti de ses ruines et l'Angleterre qui en conçut de la jalousie fit des apprêts qui inspirèrent à François 1er non seulement l'idée de se défendre, mais de faire une descente en Angleterre; le Havre fut désigné pour le rendez-vous de l'armée navale. Elle mit à la voile le 14 juillet.

Sous le règne de Henri II la peste ravagea la population, ce prince ordonna des travaux d'assainissement qui firent disparaître le fléau. Henri visita la ville qu'il avait sauvée, avec la reine Catherine de Médicis. C'est à la suite de ce voyage que Henri II ordonna que la ville serait entourée de murailles dans toute la partie nord. On sait quelle funeste influence ces fortifications, qui n'ont été que déplacées, ont exercé et exercent encore sur la prospérité du Havre.

Le 8 mai 1562, le Havre fut livré aux protestans, qui, à leur tour, le livrèrent aux Anglais. La reine Elisabeth y mit une garnison de six mille hommes. Catherine de Médicis vint en personne y mettre le siége, et le Havre fut rendu par capitulation le 31 juillet 1563. Le gouvernement en fut confié à Sarlabos qui fit tous ses efforts pour réparer les désastres du siége : il fit hausser les murailles d'enceinte, réparer la tour de François 1er, construire une citadelle et il favorisa de tout son pouvoir les relations maritimes et commerciales avec tous les ports voisins. C'est à lui que l'on doit l'établissement des bateaux

passagers d'Honfleur dont le service quoti-
dien n'a pas cessé depuis prés de trois siècles.

Henri III vint comme ses prédécesseurs
rendre sa visite au Havre en compagnie de la
reine.

Le duc de Villars qui y commandait pour
la ligue remit la ville à Henri IV et lui épargna ainsi les horreurs d'un siége.

Le Havre ne prit aucune part aux troubles
qui affligèrent la France pendant la minorité
de Louis XIII. A la majorité du roi, le gouvernement de la ville fut donné au cardinal
de Richelieu qui la dota de plusieurs établissemens civils et militaires. Les murailles
furent revêtues en maçonnerie, le bassin
agrandi; la citadelle restaurée; des embellis-
semens de tout genre contribuèrent à donner
au Havre ce vernis d'élégance devenu plus
éclatant encore depuis la paix générale.

A la majorité de Louis XIV, une ère nouvelle de grandeur et de prospérité s'ouvrit
pour le Havre. Sous le ministère de Colbert,
un arsenal est édifié, une école d'hydrographie
instituée, un commissariat de marine créé;
des chantiers de construction, des forges, des

corderies sont établis pour servir aux armemens royaux : en même temps, le gouvernement accorde des primes pour la construction des navires de commerce, et des armemens considérables sont dirigés principalement sur le grand banc de Terre-Neuve pour la pêche de la morue. Vauban, appelé par Colbert à concourir au développement maritime du Havre, exécuta divers travaux qui avaient pour but de dégager le port, d'inonder la place en cas de siége, de mettre en communication Harfleur avec le Havre et d'assainir la plaine qui séparait ces deux villes.

En 1688 le Havre fut mis en état de défense pour résister aux attaques des Anglais et des Hollandais, et en juillet 1690, la rade servait de refuge à la flotte de l'amiral Tourville, qui vint s'y reposer après avoir battu sur la côte d'Angleterre les forces combinées des alliés.

Le 26 juillet 1694, la flotte anglaise, après avoir brûlé Dieppe, se présenta sur la rade du Havre avec l'intention de le bombarder et d'en détruire le port. Mais la ville, mise en état de défense par le maréchal de Choiseul, riposta par le feu de plusieurs batteries.

L'état de la mer força la flotte à se retirer;
150 maisons furent endommagées par le feu
de l'ennemi.

En 1716, la Jetée du nord fut achevée.

En 1749, Louis XV vint visiter le Havre
qui était alors le premier port de guerre.

Le 3 juillet 1759, la flotte anglaise vint de
nouveau bombarder le Havre. En 52 heures,
plus de huit cents bombes furent jetées dans
la ville et quatre-vingt-treize maisons furent
atteintes.

Le 27 juin 1786, Louis XVI vint au Havre,
non pas dans l'intention d'y faire une promenade, mais bien pour étudier avec les ingénieurs qui l'accompagnaient un plan d'agrandissement devenu dès lors indispensable. Le
plan de M. Lamandé fut adopté à Versailles le
2 février 1788 et les travaux furent aussitôt
commencés.

Le 18 avril 1796, le commodore Sidney
Smith qui commandait la station anglaise en
rade du Havre fut fait prisonnier.

Pendant les années d'anarchie, la cessation
de commerce, le maximum, la disette, les
rumeurs populaires, vinrent tour à tour acca-

bler de maux les habitans du Havre ; pour comble d'infortune , cinq fois les Anglais le bombardèrent (mars, mai, juin, juillet 1798, et juin 1779).

Le 7 novembre 1802, Napoléon vint au Havre, visita les travaux commencés , parcourut la plage et promit au Havre un avenir qui ne s'est réalisé qu'après 1814.

En 1804, les Anglais revinrent encore bombarder la ville.

Ce fut le 18 mars 1816, qu'on vit arriver, au Havre, le premier bateau à vapeur ; il se nommait *Elise,* et venait de New-Haven, port d'Angleterre. Honneur au marquis de Jouffroy qui fit , sur la Saône , près de Lyon , l'application de cet ingénieux système à la marche des navires (1782).

En 1831, Louis-Philippe vint aussi au Havre et il donna une sérieuse attention aux projets qui lui furent soumis.

Dès le commencement de la paix , le port du Havre prit une importance toujours croissante; de nouveaux bassins furent creusés ; la ville s'agrandit au Nord et à l'Est par le reculement des fortifications ; les grands pro-

jets de M. Lamandé reçurent une exécution,
incomplète à la vérité, mais aujourd'hui le
gouvernement fait exécuter d'immenses bassins, celui de la Floride qui servait de retenue
d'eau, construite parallèlement à la Seine et
à l'entrée de laquelle étaient établies des
écluses de chasse, destinées à balayer les obs-
tructions du port et à laquelle on accède par
la jetée du Sud, est aujourd'hui destinée à recevoir les grands Steamers transatlantiques,
enfin d'autres bassins qui se font dans l'Est de
la ville, et qui doivent se relier au bassin
Vauban, en parallèle duquel doit être construit un Bassin-Dock.

MONUMENS PUBLICS.

Le Havre fut composé de deux quartiers dans la direction du Nord au Sud : on nommait le plus grand *Notre-Dame*, le plus petit *Saint-François*, du nom des églises qu'ils renfermaient. Sa forme était à peu près rectangulaire. La tour de François Ier et celle de Vidame, élevées à l'entrée du port, en défendaient l'approche. Une citadelle construite sous Louis XIII, puis démolie et reconstruite sous Louis XIV, d'après le plan du chevalier de Ville, protégeait la ville du côté de la Seine, et des fortifications exécutées sur les plans de Vauban la garantissaient de toute attaque par terre. Il y avait trois portes et un bassin, celui du Roi. Plus tard, on rasa la tour de Vidame comme nuisible aux bâtimens qui entraient dans le port. La citadelle fut

2.

remplacée par un quartier militaire fortifié vers la Seine ; la porte d'Ingouville et une partie des fortifications furent démolies sous Louis XVI, lors de l'agrandissement de la ville. Cet agrandissement se compose d'une superficie presque aussi considérable que l'ancienne et dans une situation parallèle ; c'est ce que l'on nomme la *Basse-Ville*. Maintenant le Havre est fortifié ; on entre dans cette ville par huit portes à ponts levis. La Basse-Ville ou plutôt la nouvelle ville est remarquable par la régularité de ses constructions et par la beauté de ses places publiques. Resserré dans des remparts inutiles du côté Nord, l'excédant de population a franchi ces limites et s'est établi à Ingouville, à Graville, à Ste-Adresse et à Sanvic. Une ville nouvelle s'est formée autour de l'ancienne, et vienne l'ordonnance royale, si impatiemment attendue, qui prescrive le front Nord des fortifications, alors la ville du Havre ne tardera pas à devenir le Liverpool français, l'entrepôt le plus considérable de la France.

Tour François 1er.

La tour de François 1er qui se trouve à l'entrée du port et en défend l'entrée, a conservé le nom de son fondateur; elle est haute de 21 mètres et a été bâtie (1520) avec la plus grande solidité par le seigneur du Chillou qui fut le premier gouverneur de la ville. La tour est surmontée d'une plate-forme sur laquelle on a établi un système de signaux au moyen duquel on correspond avec la Hève et les navires en rade.

« Du sommet de cette tour le point de vue est admirable; c'est le centre d'un des plus beaux panoramas du monde. A l'est le regard plonge sur la Seine qui rubanne entre les collines d'Honfleur et d'Orcher; du midi au couchant, les côtes du Calvados ; au nord-ouest, le prolongement de ces mêmes côtes qui forme une ligne bleue à l'extrémité de laquelle se termine la presqu'île du Cotentin ; en face du spectateur, les deux rades du Havre, étoilées de navires aux blanches voiles ; au nord, la Manche dont l'azur reflète le promontoire de la Hève, ses deux phares et sa crête verdoyante, puis les côteaux d'Ingouville et de Graville sur lesquels s'échelonnent de grâcieux pavillons, des terrasses fleuries, des bouquets d'arbres, et au bout de cette ligne monstrueuse, le clocher de l'ancienne abbaye, assis sur les ruines d'un temple romain. »

« Baissez les yeux et regardez à vos pieds : c'est l'avant-port, ce grand chemin de l'univers maritime, cette voie étroite, sillonnée par tant de navires au moment de la pleine mer ; suivez ses contours sinueux, et votre vue va s'égarer dans une forêt de mâts, de tubes fumans, sur tout ce qui fait enfin la splendeur de la Marseille du nord. »

(Normandie pittoresque).

HOTEL-DE-VILLE.

L'hôtel-de-ville, dont la porte est ornée des armes données à la ville par François 1er *, touche à la porte du Perrey. Ce n'est ni un monument, ni un palais, mais une maison assez vaste, bâtie en 1753, qui a vue sur la rade et sur l'embouchure de la Seine. L'hôtel-de-ville est le logement des princes qui viennent visiter le Havre.

* Une salamandre au milieu des flammes, chargée de trois fleurs de lys horizontales, surmontées de la couronne royale.

BOURSE.

La Bourse, bâtie en 1785 par l'architecte Boucart, n'est point un monument comme devrait le faire supposer l'importance commerciale de la ville, mais bien un bâtiment moins qu'ordinaire, très voisin de l'hôtel-de-ville, et qui n'est plus depuis long-temps en harmonie avec le nombre des spéculateurs qui le fréquentent. On s'occupe depuis long-temps dans le public, de déterminer l'emplacement d'une nouvelle bourse plus convenable aux besoins de la place; l'autorité, dit-on, a approuvé déjà les plans qui lui ont été soumis. Il faut donc espérer que ce monument si vivement désiré sera prochainement en cours d'exécution.

Portes du Havre.

Comme nous l'avons déjà dit, on pénètre dans le Havre par huit portes dont voici les noms : porte d'Ingouville, à l'extrémité Nord de la rue de Paris, et en contournant la ville vers l'Est, porte Marie-Thérèse, Royale, Vauban, du Secours, du Perrey, des Pincettes et Louis-Philippe.

La porte Royale seule mérite l'attention du voyageur, c'est un arc de triomphe, construit en 1798 et orné de quelques attributs de Mars et du Commerce. La porte Royale, vue de la place du Spectacle, termine majestueusement la riche perspective du bassin du Commerce.

Arsenal de la Marine.

Ce monument fondé par Colbert en 1669 et reparé en 1776, est situé près du bassin du Roi ; c'est un édifice de forme carré, au milieu duquel est une vaste cour entourée de galeries. La façade porte sur des cartouches les noms de Jean-Bart, Tourville, Duquesne et Duguay-Trouin qui ont illustré la marine française. Depuis que le port du Havre a été détrôné par Cherbourg du titre de port militaire, l'arsenal de la marine est devenu le logement du commissaire-général et de ses bureaux.

L'auteur des *Souvenirs pittoresques du Havre* s'exprime ainsi sur cet édifice : « C'est le seul monument public, à l'exception de la porte Royale, qui ait exercé le ciseau du sculpteur,

et ce sculpteur n'était pas un Jean Goujon....
J'en appelle aux bas-reliefs encadrés au-dessus
des croisées. »

L'ensemble de cet édifice serait néanmoins
assez gracieux, s'il n'avait plu à quelque administrateur furieusement ennemi de l'harmonie architecturale d'en défigurer la symétrie
par l'ajustement, à l'aile droite, d'un prolongement qu'on devrait se hâter de supprimer
pour ne pas prêter à rire aux malins qui veulent
absolument qu'entre le commerce et les arts
il y ait incompatibilité d'humeur.

CITADELLE.

La citadelle construite sur les plans du chevalier de Ville et de Vauban, n'est plus aujourd'hui qu'un casernement militaire, fortifié vers la Seiue. On y remarque une place carrée, assez vaste, ornée de quatre pavillons qui servent de logement à l'état-major de la place, à la direction du génie, à celle de l'artillerie et à l'intendant militaire. L'arsenal occupe le côté nord.

ÉGLISE

NOTRE-DAME.

Elevée sur les ruines de la Chapelle-de-Grâce, l'église de Notre-Dame fut fondée en 1574 par Nicolas Duchemin, maître maçon, et terminée en 1636. On lit sur l'un des piliers de l'église, cette épitaphe : « Ci-gist le « corps d'honneste homme Nicolas Duchemin, « maître maçon, qui commença le bâtiment « de ce temple, en 1574, et continua icelui « jusqu'à son décès arrivé le mardi, 5 may de « l'année 1598 : priés Dieu pour le repos de « son âme. »

La tour est de 1540 ; Claude de Montmorency en posa la première pierre. La plate-forme qui la termine était crénelée et garnie de canons ; plus tard elle servit de phare pour l'entrée du port : aujourd'hui elle renferme les cloches qui annoncent aux fidèles les heures du service divin.

Le portail principal est de la Renaissance : il se compose de deux rangées de colonnes. La première est de l'ordre ionique avec chapitaux ornés de guirlandes ; le fût est cannelé et entouré d'anneaux, ce qui lui ôte de la grâce et de la légèreté. Le second rang est formé de colonnes corinthiennes cannelées, fort élégantes. Ce portail a été restauré il y a une douzaine d'années.

Le portail nord mérite aussi d'être signalé.

Son couronnement est de style moyen âge : c'est une rosace dont les feuilles forment une roue soutenue par des anges. La balustrade au-dessus des cintres, figure en lettres gothiques de pierre les premiers mots de l'invocation à la Vierge : *Ave Maria, gratiâ plena.*

Le terrain sur lequel repose l'église a été élégamment utilisé ; c'est un vaste parterre bien distribué et qui a été richement entouré par une grille en fer de fort bon goût.

L'intérieur de l'église n'offre rien de bien

remarquable, c'est, comme partout, une voûte soutenue par des pilastres qui sont, ici, de l'ordre dorique. Les orgues ont été données à l'église par le cardinal de Richelieu. Il serait à désirer que les murailles fussent garnies de boiseries plus élevées et que la fabrique fît quelques sacrifices pour l'acquisition de tableaux passables, car il n'y a de remarquable en fait de peinture, que deux tableaux donnés par le gouvernement, dont l'un représente une vision de saint Luc, et l'autre, saint Antoine.

En général, sous ce rapport, les églises de Normandie sont bien loin de la richesse de celles de la Flandre. Est-ce mauvais goût ou économie? Peut-être est-ce l'un et l'autre.

ÉGLISE
SAINT-FRANÇOIS.

L'Église de St-François date du règne de Henri II. C'est un monument qui n'offre rien de bien remarquable.

Cependant l'administration municipale, il faut l'en louer, a consacré des sommes assez importantes à la restauration de ce temple.

En 1841, sur les plans de M. Marcis, alors architecte de la ville, a été érigé un portail avec porche en arcades. Cette construction s'est élevée à 50,000 fr.

En 1842, une grille en fer fut posée autour de cette Église ; le prix de cet embellissement utile s'est élevé à 25,000 fr.

En 1846, on a réparé et abaissé le comble des basses nefs, reconstruit le porche Sud avec campanille, et fait une construction semblable au côté Nord ; ces travaux, qui ont coûté 20,000 fr., ont été exécutés sur les plans de M. Brunet-Debaisnes, architecte de de la ville.

Malgré tous ces sacrifices, l'Église de Saint-François ne sera réellement ce qu'elle doit être que lorsque dégagée de tout cet entourage de maisons qui la pressent, on pourra circuler à l'aise autour de son enceinte et se placer à quelques pas pour saisir l'ensemble de son élégante façade.

Palais de Justice.

Le palais de justice que l'on appelle encore le *Prétoire*, occupe toute la partie orientale de la place du marché. Il a été construit de 1758 à 1760 sur les plans de M. Dubois, ingénieur des ponts et chaussées. C'est le siége du tribunal de première instance de l'arrondissement. La salle d'audience mérite d'être visitée.

c

Musée-Bibliothèque.

En 1841, M. A. Le Maistre, maire de la ville
du Havre, administrateur aussi éclairé que
juste, proposa de doter notre ville d'un Musée-
Bibliothèque et le conseil municipal applaudit
à son heureuse idée.

Il fut alors décidé que ce monument serait
construit sur le terrain où depuis 1520 existait
le palais qui servait de résidence au gouverneur
de la ville jusqu'en 1550, époque à laquelle
il fut destiné à recevoir les bureaux de la mairie
jusqu'en 1790, où enfin il fut affecté aux tri-
bunaux de paix et de commerce jusqu'à sa
destruction. Ce monument, dit le logis du roi,
avait été construit par Du Chillou.

Le temple des beaux-arts dont notre ville s'est enrichie, est dû au talent réel de M. Brunet-Debaisnes, architecte de la ville.

Les travaux de construction exécutés par M. Ladvocat, entrepreneur aussi habile que conciencieux, ont été commencés en 1842.

La sculpture qui décore les trois façades de notre Louvre et les statues qui en ornent le sommet, sont dues au ciseau de M. Pianet, de Paris. Qui voit les travaux de cet artiste, en fait l'éloge.

La dépense générale s'est élevée à 500,000 f. y compris 29,155 f. pour les frais de sculpture.

Le fronton de ce monument est orné d'une horloge sortant des ateliers de M. L. Paute, horloger du roi, et ce morceau d'art a un cadran dont les heures et les aiguilles sont lumineuses. Cette merveille est due à M. Jules Dorey, du Havre, qui a déjà donné des preuves de son mérite dans les sciences.

La direction du musée d'histoire naturelle qui occupe les deux salles latéralles du rez-de-chaussée, a été confiée, en premier lieu, à M. Lesueur, chevalier de la légion-d'honneur, qui, le 19 octobre 1800, fit partie des savants qui s'embarquèrent au Havre, où il est né en 1778, à bord du *Naturaliste* et du *Géographe*, sous les ordres des capitaines Baudin et Hamelin pour un voyage de découverte. Ce fut lui qui dessina d'une manière remarquable tous les objets qu'offrirent à l'histoire naturelle la Nouvelle-Hollande, la terre de Diensen, l'île de Timor et le cap de Bonne-Espérance.

Cet homme aussi instruit que modeste, a été enlevé aux sciences vers la fin de 1846, au moment même qu'il venait de terminer la savante classification des objets déjà nombreux et d'un choix assez remarquable, qui ornent les deux salles qui leur sont affectées.

La bibliothèque, qui fut créée en 1800, dans une des salles du rez-de-chaussée du palais de justice, occupe les deux salles latérales du premier étage. Elle se compose de 20,000 volumes. confiés aux soins de M. Joubin, homme aussi complaisant qu'instruit, et connu dans le monde savant par de nouvelles recherches sur la théorie des nombres et leur divisibilité.

Tous les ouvrages qui composent la collection havraise ne sont pas de premier choix et cela se comprend lorsque l'on sait que le noyau de cette bibliothèque provient de la dépouille de quelques couvents; mais à part les sermonaires, la théologie et les livres bibliques parmi lesquels on pourrait faire un choix, il faut reconnaître que cet établissement possède des ouvrages précieux et que les hommes spéciaux se plaisent à rencontrer dans les bibliothèques publiques, dans l'impossibilité où ils se trouvent souvent de les posséder dans la leur. Nous avons remarqué une *Bible polyglote* en sept langues anciennes et la version latine en regard de chaque texte; des traités de *Médecine ancienne*; *l'Art de vérifier les dates*; le *Glossaire de Ducange*, précieux pour l'histoire de France; *l'Histoire naturelle d'Aldrovende*, écrite en latin et estimée pour ses planches; *l'Histoire ecclésiastique*; *Historiæ anglicanæ scriptores antiqui*; un *Xénophon grec et latin*, et une infinité d'autres ouvrages tout aussi recommandables. La bibliothèque du Havre augmente chaque année ses richesses : au nombre des acquisitions nouvelles, nous signalerons celles du *Dictionnaire des Sciences naturelles*; les *Classiques la-*

d

tins; les *Voyages modernes d'Eyriès;* le *Réper-toire du Théâtre Français,* etc., etc.

La bibliothèque est ouverte tous les jours, Dimanches et Jeudis exceptés, de 10 heures du matin à 4 heures, et de 6 à 9 heures du soir.

Le salon de peinture, qui se trouve au centre du 1er étage, a pour conservateur M. Couveley, collaborateur de Gudin, et est placé sous le patronage de la *Société des Amis des Arts,* ainsi que la salle de sculpture qui est au rez-de-chaussée en entrant.

Les galeries de tableaux et celles d'histoire naturelle, sont ouvertes, au public, les Jeudis et les dimanches de 10 heures du matin à 4 heures du soir.

Tous les 2 ans, une exposition de tableaux, parmi lesquels figurent toujours des produc-tions de Gudin, Horace Vernet, Garneray, Couture, Léon, Charles, Ochard, Yvon, etc., a lieu pendant un mois.

La *Société des Amis des Arts* fait l'acquisition des toiles qu'elle juge dignent de son choix; et elles sont tirées au sort par les sociétaires.

Empressons-nous de dire avec un faste orgueil que bientôt les statues de Bernadin-de-St-Pierre, l'immortel auteur *des Études de la Nature* et de *Paul et Virginie*, et de Casimir Delavigne, non moins immortalisé par ses *Messéniennes* et ses chefs-d'œuvre dramatiques, seront placées sur deux piédestaux élevés du centre de la grille de notre temple d'Apollon. Nous citerons à ce sujet, ce passage d'un poème écrit par J.-J. Delaporte, du Havre, à l'occasion de l'inauguration de notre musée. (*)

» Qu'ils revivent bientôt, nous en sommes jaloux,
» Mais leurs tendres regards ne brillent plus pour nous;
» Et leur langue muette aux chants de la patrie,
» Aux chants de la nature, a perdu toute vie !
» Ils ne sont plus, hélas ! qu'un double souvenir,
» Une gloire sans tache, et qu'on ne peut ternir.

» Dans le parvis d'honneur de ce temple des âges,
» Revivez à jamais, hommes féconds et sages,
» Qui faites notre orgueil dans la postérité,
» Dont le riche flambeau nous porte à la fierté ;
» Dont le laurier s'étend sur notre Normandie,
» En jettant ses reflets sur toute la patrie !

(*) Ce poème se vend 1 fr, chez F. Uue, éditeur, Touroude et Haumont, libraires, rue de Paris.

Dejà les bustes de ces deux illustrations havraises figurent dans la Bibliothèque. Celui du savant Lesueur, est placé dans la galerie ouest du musée d'histoire naturelle.

Place Louis XVI.

La place Louis XVI, de construction moderne, est sans contredit ce que l'on peut voir
de plus beau et de plus imposant. Que le voyageur se place dans la rue de Paris, dans la
direction de la salle du spectacle et du bassin
du Commerce, il jouira sans contredit de l'un
des plus beaux points de vue qu'il soit possible de rencontrer. Au nord, la côte d'Ingouville avec ses maisons de campagne en amphithéâtre et sa belle végétation; au sud,
l'avant-port, ces cheminées fumantes, et ces
voiles qui, au moment de la marée, se
croisent, passent comme des ombres et laissent
apercevoir les côtes de la Basse-Normandie; à
l'ouest, le théâtre, presque perdu au milieu

des constructions monumentales qui l'environnent, les arcades, les allées verdoyantes, rendez-vous du monde élégant; à l'est, le bassin du Commerce avec sa forêt de mâts garnis de pavillons de toutes les nations, ses quais majestueusement alignés et garnis de tentes qui leur donnent l'aspect et le mouvement d'un camp, enfin la porte Royale.

Salle de Spectacle.

La salle de spectacle fut commencée en 1817 sur les plans de M. Labadie, architecte; le duc d'Angoulême en posa la première pierre, et elle fut ouverte au public le 24 août 1823. Le discours d'inauguration fut composé par Casimir Delavigne, notre compatriote, et fait honneur à son talent. La façade laisse à désirer sous le rapport de la majesté et de la grâce; destinée par sa position, à produire de l'effet à une distance fort éloignée, une colonnade corinthienne était préférable à des portiques cintrés surmontés de colonnes à demi-épaisseur.

Dans la nuit du 28 au 29 avril 1843, vingt ans après son achèvement, ce monument fut la proie des flammes, et l'incendie dans lequel le directeur, M. Fortier, artiste de talent, aimé du public, a péri en s'élançent de la corniche de l'attique; il ne resta que les quatre murs.

4.

Elle fut réédifiée en 1841 par les soins de M. Charpentier qui en dressa les plans de l'intérieur, et inaugurée le 19 octobre de la même année. Ce fut M. Ancelot, une des célébrités que le Havre a vu naître, qui en fit le discours d'ouverture.

Bien des améliorations ont été apportées dans la distribution des loges de cette salle et dans ses ornemens qui sont riches et gracieux ; ses peintures fraîches et de bon goût son dues aux pinceaux d'artistes distingués de la capitale ; l'habile Ciceri a peint une grande partie de ces décors.

Elle contient 1,300 spectateurs.

Un million et demi s'est englouti dans sa construction et sa réédification.

Le point de vue du grand foyer est certainement le panorama le plus pittoresque qu'il soit possible de voir.

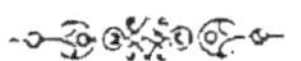

SALLE
DE BALS ET DE CONCERTS

A l'une des extrémités nord de la place du Commerce, on a élevé, en 1835, sur les plans de M. Frissard, ingénieur en chef du port, un édifice spécialement destiné aux bals et aux concerts.

L'élévation de la façade principale présente un soubassement formé par neuf arcades, en arc de cercle, au-dessus desquelles s'élève un ordre complet de pilastres ioniques. Entre les pilastres sont les croisées avec impostes et archivoltes ; au-dessus des croisées sont incrustés des bas-reliefs qui indiquent bien la destination de l'édifice ; la corniche est surmontée d'un attique à l'italienne, qui cache entièrement la toiture.

La salle de bal a 33 mètres de longueur, 12 de largeur et 9 de hauteur. L'orchestre est au-dessus de la galerie qui communique avec le salon de jeu.

La peinture, la dorure, la sculpture, les tissus d'or, de soie et de laine ont été employés pour la décoration intérieure. Le fond général de la salle est d'azur : les sculptures se détachent sur ce fond en bleu et or.

Il serait difficile de dire dans quel style est cette construction intérieure, car on y voit l'architecture grecque, gothique, du moyen-âge et de la renaissance; mais toutes les parties sont assez en harmonie pour former un ensemble convenable.

Place Louis-Philippe.

Derrière les magasins du Théâtre se trouvait encore, il y a quelques années, un vaste terrain abandonné, et qui servait de chantiers et de dépôt de matériaux. Des rues larges y ont été tracées, on y a élevé de superbes bâtimens; une place immense a été ménagée au centre de ces constructions féériques; c'est la place Louis-Philippe que la ville a transformée en un magnifique marché couvert, au milieu duquel on a élevé une fontaine granitique, parodie de l'obélisque du Louqsor. Pour qui n'a pas vu le Havre depuis dix ans, une transformation aussi soudaine doit exciter la surprise et l'admiration.

BASSINS.

Les bassins du Havre sont au nombre de cinq ; nous allons les présenter par ordre d'ancienneté :

1°. Le *Bassin du Roi*, le plus ancien et le moins étendu de tous, était spécialement affecté à la marine royale. Colbert le ferma en 1669 par des portes. Mais depuis cette époque il a subi de nombreuses transformations. Il a été creusé de deux mètres ; ses murailles ont été reconstruites ; sa surface augmentée ; ses portes élargies. Il communique avec le Bassin du Commerce au nord, et au sud avec l'avant-port : il sert de station aux bateaux à vapeur et aux navires de la marine royale.

2° Le *Bassin du Commerce*, creusé dans les anciens fossés des fortifications, fut commencé en 1786 et ne fut livré à la navigation qu'en 1820. Il peut contenir 200 navires et communique avec le Bassin du Roi et avec celui de la Barre. En tête du bassin se trouve une machine à mâter, en fer creux, construite par MM. Mazeline frères. C'est la première de ce genre : elle a été essayée par une tension de 40,000 kilog. C'est dans ce bassin que s'opère le doublage et le calfatage des navires.

3° Le *Bassin de la Barre*, commencé en 1787, a été également achevé en 1820, il communique avec l'avant-port, le Bassin du Commerce et le Bassin Vauban. Il est plus grand que le précédent. C'est dans ce bassin que stationnent, à l'ouest, les paquebots américains et une grande partie des navires de cette nation ; à l'est, les chalands qui font les transports de marchandises à Rouen et à Paris.

4° Le *Bassin Vauban*, est large de cent mètres sur une longueur de 800. Il a été creusé dans l'ancien canal Vauban et se trouve par conséquent hors des fortifications ; il communique avec le Bassin de la Barre. C'est dans ce bassin que stationnent les navires baleiniers et ceux dont les chargemens sont destinés à être placés *extrà muros*.

JETÉES.

La *Jetée du Nord*, terminée par un phare en granit dont la lanterne est à 7 mètres du niveau de la mer, est le rendez-vous des étrangers, des promeneurs, des curieux et surtout des intéressés : elle fut construite à grands frais en 1711, mais ce ne fut que successivement et depuis quelques années qu'elle reçut cette perfection qui la rend majestueuse de solidité. On y a placé un mât, le long duquel on hisse successivement des globes noirs qui désignent la hauteur de l'eau dans le chenal. Le premier globe indique 11 pieds, les autres 1 pied, de sorte que 4 globes hissés sur le mât équivalent à 14 pieds. Une flamme hissée sous le dernier ballon indique la fraction de demi-pied. Ces signaux sont aperçus des pilotes à une lieue et demie environ, du port.

La *Jetée du Sud*, moins longue que celle du Nord, est d'un accès plus long et plus difficile; aussi n'est-elle pas en possession d'attirer les promeneurs. Elle a éprouvé souvent des avaries, suites indispensables de sa position; les courans, les naufrages, l'ont souvent ébranlée. Elle a été presque entièrement reconstruite en 1837.

Temple des Protestans.

Le temple protestant est un édifice très modeste situé rue d'Orléans; il avait été primiti-
vement destiné à l'enseignement mutuel.

Il y a encore au Havre deux autres chapelles
destinées au culte de la religion réformée;
l'une est située galerie Foache sous les arcades
Sud, l'autre sur le quai des Casernes.

COUVENT DES URSULINES.

Cet établissement a été fondé en 1822. Les sœurs Ursulines qui l'habitent se consacrent à l'éducation des jeunes personnes, pensionnaires et externes. Cet édifice est vaste, mais n'a rien de remarquable. Sa position est isolée et l'air qu'on y respire est très salubre.

MAISON

DE

BERNARDIN DE S.-PIERRE.

Les personnes pour lesquelles un souvenir est une jouissance du cœur ne manqueront pas de se faire conduire rue de la Corderie, 17, en face de la rue de la Halle : c'est la maison où est né Bernardin de St-Pierre. Un marbre noir placé sur la façade de cette maison indique le jour de la naissance et l'époque de la mort de l'élégant auteur de *Paul et Virginie* : c'est le seul monument élevé à sa mémoire.

5.

COMMERCE.

Le commerce du Havre s'étend sur toutes les parties du globe. Les principales importations se font par navires français, américains et anglais. Les exportations s'effectuent sous pavillons français, américains, espagnols et anglais.

Pour se faire une idée de l'augmentation progressive de la navigation, il suffira de comparer les chiffres suivans :

En 1842	ENTRÉES.	long cours...	607	5863
		grand cabotage.	1632	
		petit cabotage .	3624	
	SORTIES.	long cours....	539	5406
		grand cabotage.	1112	
		petit cabotage	3755	
En 1838.	ENTRÉES.	long cours....	564	4559
		grand cabotage.	1229	
		petit cabotage.	2766	
	SORTIES.	long cours....	496	4336
		grand cabotage.	915	
		petit cabotage.	2925	

Les principaux objets d'importation sont : coton, sucre, café, indigo, bois de teinture et d'ébénisterie, peaux sèches, riz, potasse, houille, métaux, etc.

On exporte du beurre et des viandes salées, des tissus, des objets de l'industrie parisienne, des vins et eaux-de-vie, des meubles, du papier, etc.

Les armemens pour la pêche à la baleine emploient environ 50 navires.

Outre les navires de commerce qui sont expédiés à des époques indéterminées, il y a une grande quantité de lignes desservies par des navires ou des bateaux à vapeur qui partent à jour fixe, en voici la nomenclature :

TABLEAU

des Lignes régulières.

New-York.— *Paquebots réguliers.—* les 1er, 8, 16 et 24 de chaque mois.

Hambourg.— *Paquebots à vapeur.—* départs tous les samedis.

Rotterdam.— *Paquebots à vapeur.*— départs tous les cinq jours.

Elseneur, Copenhague et St.-Pétersbourg.— *Paquebots à vapeur.*— le 1er et le 15 de chaque mois, depuis le 1er mai jusqu'au 1er novembre.

Londres.— *Paquebots à vapeur.*— du 1er avril au 1er novembre, tous les dimanches et mercredis.

Du 1er novembre au 1er avril, les 5, 10, 15, 20, 25 et 30 de chaque mois.

Bordeaux.— *Paquebots à voiles.*—départs irréguliers.

Morlaix et toute la Bretagne.— *Paquebots à vapeur.*— tous les samedis.

Caen.— *Paquebots à vapeur.*—départ tous les jours.

Rouen.— *Paquebots à vapeur.*— départs tous les jours.

Honfleur.— *Paquebots à vapeur.*— départs tous les jours.

Dunkerque.— *Paquebots à vapeur.*— départs indéterminés.

Cherbourg.— *Paquebots à vapeur* — départs indéterminés.

INDUSTRIE.

Il n'y a point au Havre d'établissemens industriels et cela s'explique par la cherté des terrains, des loyers et de la main-d'œuvre. Aussi toutes les fabriques, même celles qui tiennent essentiellement à la marine, ont-elles leur siége *extrà muros*, c'est-à-dire, à Ingouville, à Graville, à Ste-Adresse, (*Voir* ces articles).

Nous mentionnerons cependant la fabrique de *Ouate* de M. Hermel, rue Caroline, dont les produits sont fort estimés à l'intérieur et commencent à être recherchés pour l'étranger; l'atelier de confection de *Voitures* de M. Alfred Picot, rue des Pincettes, et une fabrique d'*instrumens aratoires* exploitée par MM. Guérin et Ce, rue Fontenelle.

INSTRUCTION

PUBLIQUE.

Le Havre possède un collége dont la ville fait tous les frais et qui a été établi dans un vaste bâtiment construit exprès.

L'instruction qu'on y reçoit est sinon complète du moins suffisante, quant aux langues anciennes, aux mathématiques et à l'histoire. Les langues vivantes y sont particulièrement enseignées.

Quant à l'instruction élémentaire, plusieurs établissemens publics attestent la sollicitude de l'autorité. Il y a une école supérieure élémentaire qui se tient dans les bâtimens mêmes du collége, une école d'enseignement mutuel et des Frères de la doctrine chrétienne qui, sous la direction du frère Aimare, rendent des services qu'on ne peut trop apprécier.

Nous terminerons ce chapitre en désignant à l'attention publique :

1° Le cours d'*hydrographie* professé à l'arsenal de la marine pour les élèves qui se destinent à la marine marchande.

2° Le cours gratuit de *dessin* qui se tient dans les bâtimens du collége.

Il est à regretter que l'autorité n'ait pas encore songé à fonder au Havre des cours publics et gratuits d'histoire naturelle et de chimie. On comprend l'utilité d'un pareil enseignement dans une ville qui reçoit tous les jours des produits naturels et manufacturiers qui ont besoin souvent d'être soumis à une analyse spéciale.

ÉCLAIRAGE.

Les rues principales et les quais sont éclairés au gaz courant. L'usine se trouve à l'extrémité de la place Louis-Philippe, et c'est de là que part le gaz qui est distribué jusqu'à l'extrémité d'ingouville. Il s'est formé à Graville un établissement de ce genre, qui amène son gaz au Havre et qui a du mal encore à rivaliser ; le premier ayant eu, en adjudication, l'éclairage de la ville.

FONTAINES.

Les fontaines peu monumentales du Havre sont alimentées par des sources situées à Ste-Adresse et à Trigoville. Les eaux qu'elles fournissent sont d'une très bonne qualité ; mais leur insuffisance a nécessité l'établissement d'une assez grande quantité de bornes-fontaines qui fonctionnent au moyen de la source du Pont-Rouge. La chimie n'a pas reconnu à ces dernières la qualité supérieure qui fait le mérite de celle de Ste-Adresse.

Dock - Flottant.

A l'extrémité Est du bassin de la Barre est situé le dock-flottant destiné à recevoir dans son sein celui de nos navires qui a besoin de réparations.

Cet établissement utile, créé en 1844 par MM. de Coninck, négociants en cette ville, et construit par M. Normand, l'un des plus habiles constructeurs de France, est un bâtiment carré, qui, au moyen de soupapes latérales, s'emplit d'eau et coule pour recevoir dans sa forme un navire quel que soit son tonnage; et, se vidant au moyen d'une pompe à feu, charpentiers, calfats, doubleurs, peuvent réparer ledit navire ainsi mis à sec.

Par cet ingénieux moyen, on évite l'inconvénient d'abattre les navires au moyen de pontons, ce qui, toutefois, se fait encore dans le bassin du Commerce, sous la direction de la compagnie des apparaux.

Entrepôt Réel.

Cet édifice, bâti sur l'emplacement d'un ancien couvent de Capucins * , a été achevé en
1820. C'est un vaste bâtiment élevé d'un étage
au-dessus du rez-de-chaussée, solidement construit, et qui se trouve à l'angle des bassins de
la Barre et du Commerce. C'est là que sont
déposées les marchandises qui n'acquittent
point les droits au moment de leur arrivée, et
celles qui venues en transit de l'étranger, attendent le départ du navire qui doit effectuer
leur réexportation. L'entrepôt a été bâti aux
frais de la ville qui perçoit un droit sur toutes

* Ce couvent avait été fondé en 1590 par la maréchale
de Joyeuse.

les marchandises qui y sont déposées. Ce droit de magasinage constitue à la ville un revenu annuel d'environ 200,000 francs.

Mais l'entrepôt, devenu insuffisant par suite de l'augmentation des arrivages, la ville, après avoir loué des succursales, dû, pour remédier aux gênes du commerce, traiter avec MM. Perier, pour déposer dans les magasins qu'ils ont fait construire au Sud du bassin Vauban, les marchandises qui nous viennent de toutes les contrées lointaines, et qui ne peuvent entrer dans l'entrepôt principal.

Manufacture des Tabacs.

A côté de l'Entrepôt se trouve un vaste édifice qui a la forme d'un carré long, c'est la Manufacture des Tabacs qui a sa façade principale dans la rue du Grand-Croissant. Destiné d'abord à un hôtel des monnaies, ce bâtiment fut consacré, par les fermiers-généraux, à la fabrication des tabacs. En 1829, une ordonnance transforma la manufacture en un simple magasin de tabacs en feuilles; mais en 1831, la manufacture fut rétablie. On modifia le genre de fabrication, et on appliqua la machine à vapeur au hachage et à la pulvérisation. Les produits annuels s'élèvent à environ 800,000 kilog.

DOUANE.

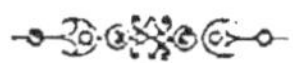

En 1754, les fermiers-généraux firent élever sur les dessins de Nicolas Lecarpentier, architecte de Rouen, le bâtiment carré qui se trouve à l'angle du quai Notre-Dame: c'était la *Romaine*, aujourd'hui la *Douane*. La douane n'est plus en rapport avec les besoins du commerce; mais il sera difficile de trouver un emplacement plus convenable, lorsque le gouvernement sera enfin contraint de remplacer ce bâtiment.

Chemin de Fer.

Près du cours Napoléon, au Nord du bassin Vauban, se montre majestueux le Débarcadère du Chemin de Fer : voie nouvelle qui a été inaugurée, le samedi 20 mars 1847, par une commission parisienne, partie à 7 heures moins un quart et arrivée à 1 heure moins un quart. Elle se composait de MM. Charles Laffitte, Blout, La Peyrière, les ingénieurs anglais, Dubois et Vitet, députés de l'arrondissement du Havre, le baron de Lalande, commissaire spécial, Jules Janin, Alph. Karr, Théophile Gautier, et autres littérateurs parisiens.

Cette solennité était présidée par M. Eyriès, Maire de Graville, à qui s'étaient réunies le Maire et toutes les autorités du Havre, les

Gardes Nationales du Havre, d'Ingouville et de Montivilliers; mais nous dirons aussi que le clergé de notre Ville, d'Ingouville et de Graville, étaient là, à l'effet de bénir la voie qui nous met enfin aux portes de Paris (1).

(1) Dans une entrevue qu'eurent à Paris MM. Begouen, Homberg et Foache avec le Premier Consul, Bonaparte prononça cette phrase qui est devenue prophétique : « Paris, Rouen et Le Havre ne font qu'une grande ville; la Seine en est la grande rue. »

Tarif pour le Transport des Voyageurs
du HAVRE à PARIS.

	Première Classe.		Deuxième Classe.		Troisième Classe.	
HARFLEUB	»	80	»	60	»	45
SAINT-ROMAIN........	2	20	1	50	1	25
BEUZEVILLE	3	—	2	10	1	70
NOINTOT............	3	70	2	50	2	10
ALVIMARRE..........	4	60	3	20	2	60
YVETOT	5	90	4	10	3	35
MOTTEVILLE	6	80	4	75	3	85
PAVILLY............	8	—	5	60	4	55
BARENTIN..........	8	30	5	80	4	60
MALAUNAY	9	20	6	40	4	80
MAROMME..........	9	55	6	65	4	90
ROUEN...........	10	—	7	50	5	—
OISSEL	11	70	8	55	6	—
TOURVILLE..........	11	80	8	70	6	10
PONT-DE-L'ARCHE	12	30	9	—	6	30
ST-PIERRE (Louviers).	13	90	9	90	6	90
GAILLON...........	16	10	12	10	8	50
VERNON	18	—	13	55	9	60
BONNIÈRES..........	19	25	14	80	10	60
ROSNY............	19	75	15	—	10	85
MANTES...........	20	75	15	80	11	35
ÉPONE	21	75	16	80	12	15
MEULAN	22	75	17	60	12	80
TRIEL	23	75	18	30	13	25
POISSY............	24	75	18	80	13	35
Etoile de CONFLANS....	25	25	19	30	13	85
MAISONS...........	25	75	19	90	14	40
COLOMBES.........	—	—	—	—	—	—
PARIS............	26	50	20	50	15	5

NOTA.— Les trains de poste partant de Paris à onze heures du soir et du Havre à dix heures du soir prennent des voyageurs de 3me classe aux prix réduits de :

> 12 fr. de Paris au Havre *et vice versâ*,
> 7 fr. de Paris à Rouen (rive droite) *dito*.
> 5 fr. de Rouen au Havre   dito.   *dito*.

Les voyageurs devront être rendus aux Stations au moins dix minutes, et les bagages quinze minutes avant l'heure du départ. — Cinq minutes avant l'heure fixée pour le départ, les bureaux de recette seront fermés, et il ne sera plus délivré de billets.

Les billets ne peuvent servir que pour l'heure indiquée. — Ils doivent être présentés à l'entrée des salles d'attente, et conservés pour être remis à la station d'arrivée. — Ils seront représentés à toute réquisition des agents de la Compagnie — Les voyageurs qui ne pourraient pas représenter leur billet devront payer le prix de leur place, calculé sur la distance la plus éloignée. — Toutes les fois qu'un voyageur voudra changer de place, il en préviendra le chef du train et exhibera son billet.

A deux ans, les enfants paient demi-place ; à six ans, ils paient place entière.

Il est alloué 15 kilog. de bagages à chaque voyageur. — Les bagages qui seraient présentés trop tard à l'enregistrement seront remis au train suivant et taxés comme marchandise à grande vitesse.

Les bulletins de bagages doivent être conservés pour être représentés à la station d'arrivée.

Aucun paquet embarrassant ne sera placé dans les voitures.

Tout paquet enregistré sera déposé dans les voitures de bagages.

La Compagnie ne répond pas des effets non enregistrés, ni des chiens qui ne seraient pas amenés dix minutes avant le départ.

Le service des gares se faisant gratuitement, les voyageurs sont invités à ne rien offrir aux facteurs.

Les ordonnances de police défendent de fumer dans les voitures et dans les gares.

Heures des Départs du Havre

ET DES ARRIVÉES A ROUEN ET A PARIS.

1er départ............... à 7 h. — du matin.
      Arrivée à Rouen... à 9 h. 45   dito
      Arrivée à Paris.... à 2 h. 15 du soir.

2e départ............... à 10 h. — du matin.
      Arrivée à Rouen .. à midi 22
      Arrivée à Paris ... à 4 h. 10 du soir.

3e départ............... à 3 h. — du soir.
      Arrivée à Rouen .. à 5 h. 45 du soir.
      Arrivée à Paris.... à 10 h. 15 du soir.

4e départ............... à 7 h. — du soir.
      Arrivée à Rouen .. à 9 h. 45 du soir

5e départ............... à 10 h. — du soir
      Arrivée à Rouen... à min. 30
      Arrivée à Paris.... à 5 h. — du matin.

7.

Tarif de transports des Excédants de Bagages et des Marchandises à grande vitesse.

DE 0 A 100 KILOGRAMMES INCLUSIVEMENT (*)
Non compris les Frais Accessoires.

du Havre à Paris 229 kilomètres.

de	0 à	3	kilomètres . . . . F.	»	80
de	3 à	6	—	. . . .	1	20
de	6 à	10	—	. . . .	1	60
de	10 à	20	—	. . . .	2	30
de	20 à	30	—	. . . .	3	45
de	30 à	40	—	. . . .	4	60
de	40 à	50	—	. . . .	5	75
de	50 à	60	—	. . . .	6	15
de	60 à	70	—	. . . .	7	20
de	70 à	80	—	. . . .	8	20
de	80 à	90	—	. . . .	9	30
de	90 à	100	—	. . . .	10	35

du Havre à Rouen 89 kilomètres.

de	0 à	3	kilomètres . . . . F.	»	40
de	3 à	6	—	. . . .	»	60
de	6 à	10	—	. . . .	»	80
de	10 à	20	—	. . . .	»	90
de	20 à	30	—	. . . .	1	35
de	30 à	40	—	. . . .	1	80
de	40 à	50	—	. . . .	2	25
de	50 à	60	—	. . . .	2	40
de	60 à	70	—	. . . .	2	80
de	70 à	80	—	. . . .	3	20
de	80 à	90	—	. . . .	3	60
de	90 à	100	—	. . . .	4	—

(*) Au-dessus de 100 kilog., 0,004 par kilomètre et par fractions indivisibles de 10 kilog.

Frais Accessoires.

Les Excédants de Bagages et les Marchandises (a grande vitesse) sont soumis, indépendamment des prix portés au Tarif qui précède, aux Frais Accessoires ci-après :

1° *Droit d'Enregistrement :*

Par expédition . . . . 10 c.

2° *Droit de Chargement et de Déchargement :*

Pour un poids supérieur à 10 kil. jusqu'à 100 kil.
    inclusivement . . . . 30 c.

Pour un poids supérieur à 100 kil. jusqu'à 400
    kil. inclusivement . . . . 60 c.

Au-dessus de 400 kil., par fraction indivisible
    de 100 kilog. . . . . 15 c.

3° *Magasinage :*

Pour les expéditions faites *bureau restant*, par
    colis . . . . 20 c.

Lorsque le colis n'aura pas été enlevé au bout de 24 heures, les frais de magasinage, pour les jours suivants, seront réglés ainsi qu'il suit :

Jusqu'à 50 kilog. . . . . 5 c. par jour.

Au-dessus de 50 jusqu'à 100 kilog. 10 c. par jour.

Au-dessus de 100 kil. et par 100 k. 10 c. par jour.

NOTA. — Les Frais Accessoires ci-dessus désignés ne sont appliqués qu'une seule fois, lorsque les colis sont expédiés d'une station de la ligne de Paris à Rouen à une station de la ligne de Rouen au Havre, *et vice versâ.*

Tarif des transports des Finances et Valeurs.

Le transport de l'Or et de l'Argent, soit en lingots, soit monnayé ou travaillé, du Plaqué d'or ou d'argent, du Platine, des Bijoux, Pierres précieuses et autres valeurs, sera effectué au même prix que celui des excédants de Bagages et des Marchandises (à grande vitesse), quant au poids.

La Compagnie percevra, en outre, le droit de garantie suivant :

1° *Sur les expéditions faites d'une station de la ligne de Paris à Rouen ou de la ligne de Rouen au Havre à une autre station de la même ligne :*

Pour les sommes de 1,000 fr. et au-dessous,
par 100 fr. de la valeur déclarée.......F » 05

Le *minimum* de la perception est de..... 0 25

Pour les sommes supérieures à 1,000 fr. par
fraction indivisible de 1,000 fr 0 20

Le *minimum* de la perception est de.. .. 0 50

2° *Sur les expéditions faites d'une station de la ligne de Paris à Rouen à une station de la ligne de Rouen au Havre et vice versâ :*

Pour les sommes de 1,000 fr. et au-dessous,
par 100 fr. de la valeur déclarée.......F. 0 10

Le *minimum* de la perception est de..... 0 50

Pour les sommes supérieures à 1,000 fr., par
fraction indivisible de 1,000 fr....... 0 30

Le *minimum* de la perception est de..... 1 —

Tarif pour le transport des Voitures.

		Voiture de 2 à 4 roues, 1 fond, 1 banq.	
De Paris au Havre, *et vice versá*........F.		116	50
De Paris à Rouen,	dito.	70	50
Du Havre à Paris,	dito.	46	50
		Voiture de 2 à 4 roues, 2 fonds, 2 banq.	
De Paris au Havre,	dito.	150	85
De Paris à Rouen,	dito.	91	05
Du Havre à Rouen,	dito.	59	85

Tarif pour le transport des Chevaux.

		1 Cheval.	
De Paris au Havre, *et vice versá*.......F.		60	70
De Paris à Rouen,	dito.	42	10
Du Havre à Rouen,	dito.	27	70
		2 Chevaux.	
De Paris au Havre,	dito.	130	25
De Paris à Rouen,	dito.	78	70
Du Havre à Rouen,	dito.	51	85
		3 Chevaux.	
De Paris au Havre,	dito.	174	75
De Paris à Rouen,	dito.	105	75
Du Havre à Rouen,	dito.	69	75

Pour plus de 3 chevaux expédiés du Havre, de Rouen ou de St-Pierre, et adressés à un même destinataire à Paris, faculté de louer des wagons pouvant contenir au plus 3 chevaux, à raison de 45 c. par wagon et par kilomètre.

8

Frais Accessoires.

Les Voitures et les Chevaux sont soumis aux droits de chargement et de déchargement suivants :

Pour les Voitures, par chaque voiture.... F.   2   —
Pour les Chevaux, par tête.............   1   —

Nota.— Les frais de chargement et de déchargement ne sont appliqués qu'une seule fois lorsque les Voitures ou les chevaux sont expédiés d'une station de la ligne de Paris à Rouen à une station de Rouen au Havre, *et vice versâ*.

Factage de Rouen et du Havre.

1° *Transport des Voyageurs et de leurs Bagages.*

Voyageurs sans bagages rendus à domicile .F.		»	40
Bagages de 0 à 5 kilogr...............		»	30
5	10	»	40
11	20	»	50
21	30	»	60
31	40	»	70
41	50	»	75
51	60	»	80
61	70	»	85
71	80	»	90
81	90	»	95
91	100	1	—
Chaque 10 kilogr. en sus...		»	10

2° *Factage des Marchandises à grande vitesse.*

de 0 à	3	kilogr................F.	»	20
3	6	....	»	25
6	10	....	»	30
10	20	....	»	35
20	40	....	»	45
40	60	....	»	55
60	80	....	»	65
80	100	....	»	75

3° *Finances et Valeurs.*

de 500 fr. et au-dessous........F.			»	30
500 à	1,000 fr	....	»	45
1,000	6,000	....	»	60
6,000	10,000	....	»	75
10,000	15,000	....	»	90
15,000	20,000	....	1	—
Chaque 1,000 fr. en sus............			»	05

Poste aux Lettres.

Les Bureaux, situés place Louis XVI, sont ouverts de 8 heures du matin à 8 heures du soir, du 1er novembre au 28 février, et de 7 h. du matin à 8 heures du soir, du 1er mars au 31 octobre.

Le service des dépêches s'effectue entre Le Havre, Rouen et Paris par les chemins de fer.

Départ du Havre à 10 h. — du soir.
Arrivée à Rouen à min. 30
   »   à Paris à 5 h. — du matin.

Départ de Paris à 11 h. — du soir.
Arrivée à Rouen à 2 h. 40 du matin.
   »   au Havre à 5 h. 35 du matin.

Les dernières levées de boîtes, au bureau central, ont lieu :

Pour la route de Paris à 9 h. 1/2 du matin.
   »   »   à 9 h. 1/2 du soir.
Pour la route de Dieppe à 8 h. 1/2 du matin.

Les levées de la boîte de la rue de Paris, 14, et de la rue Dauphine, 7, ont lieu à 8 h. 1/2 et à 9 h. 1/4 du matin, et à 8 h. 1/2 du soir.

Nota.—Le bureau des postes se règle, pour les heures, sur l'horloge de la place Louis XVI.

Les départs pour la Basse-Normandie et la Bretagne varient tous les jours, suivant les heures des marées. La dernière levée a lieu 3/4 d'heure avant le départ des bateaux.

On expédie par cette voie Pont-Audemer, le Calvados et la Manche.

— Il y a deux départs pour Cherbourg, tous les dimanches et mercredis, par les bateaux à vapeur le *Colibri* et le *Nord*.

Le courrier de Dieppe part à 9 heures du matin.

Les articles d'argent (arrivée et départ) sont payés ou reçus depuis 8 heures du matin jusqu'à 2 heures de l'après-midi. — Le bureau des affranchissements ordinaires est ouvert, pour la route de Paris, voie du chemin de fer, jusqu'à 8 h. du soir; pour la route de Dieppe jusqu'à 8 heures du matin. Les imprimés et les journaux sont reçus jusqu'à 7 h. du soir.

L'Aministration se charge des envois d'argent à raison de 2 p. o/o, plus 35 c. pour le timbre quand la somme est de plus de 10 fr.

Poste Maritime

Les lettres provenant des bâtimens arrivant se distribuent au Bureau Central.

Il est établi à la *Tour François I*er un bureau spécial pour l'expédition de la correspondance d'outre-mer. Ce bureau est ouvert depuis le commencement de la marée jusqu'au moment où la sortie des bâtiments cesse d'être praticable. Des tableaux placés à la porte du Bureau et au Bureau Central, indiquent le nom et la destination des Navires qui doivent appareiller à la marée et jours suivants.

Une boîte est placée à l'extérieur du Bureau Maritime à l'effet de recevoir les lettres à expédier par voie de mer sans obligation d'affranchir.

Le premier guichet, dans l'entrée de la Tour, est destiné à l'affranchissement des correspondances à expédier par bateaux à vapeur, voie d'Angleterre.

Le deuxième guichet, à côté de la Tour, est destiné à l'affranchissement des lettres à destination d'outre-mer, expédiées par bâtiments à voiles.

Les lettres et objets de correspondances seront reçus à l'affranchissement simultanément au Bureau Central et au Bureau Maritime : au Bureau Central, jusqu'à 3 heures avant le plein de la mer, et au Bureau Maritime, jusqu'au moment du départ des Navires.

La présence des Employés au Bureau se règle d'après les heures des marées.

Pour les Colonies, l'affranchissement
des lettres simples est de........ 20 centimes
    journaux...................... 9   »
    Brochures, par feuille....... . 10   »

Diligences Publiques.

Pour Dieppe et Abbeville.

Messageries Royales, rue de Paris, 43.

Correspondance avec Boulogne et Calais : départs à
6 h. 1/2 et à 9 h. du matin (service des dépêches).

Pour Fécamp et Goderville.

Mabille, chez Lepercher, place du Vieux-
Marché, 15 : Une voiture tous les jours.

Départ de FÉCAMP, à 5 heures du matin, et du Havre à
3 heures du soir.

Pour GODERVILLE, à 4 heures du soir, de chez Granger,
Hôtel de Rouen, rue de Paris.

Pour ST-VALERY, Delamare, de chez Lepercher, place
du Vieux-Marché, 15.

Roulage le lundi et le jeudi pour Fécamp et le mercredi
pour St-Valery et Dieppe, chez Lepercher, place du
Vieux-Marché, 15.

Pour Bolbec, Lillebonne et St-Romain.

Thillaye, rue de la Mailleraye, 48.

Départ tous les jours à 6 et à 10 heures du matin, et à 2 et à 4 heures du soir ; de Bolbec à 6 et à 10 h. du matin, et à 1 et à 5 heures du soir.

Fidelin, chez Lepercher, place du Vieux-Marché, 15.

Départ tous les jours, à 4 h. du soir, pour St-Romain. De St-Romain, pour Le Havre, à 7 h. du matin.

Pour Montivilliers.

Thillaye, rue de la Mailleraye, 48.

Départ tous les jours à 7, 9 et 11 heures du matin, et à 1, 3, 5 et 7 heures du soir. — Les dimanches et fêtes à toutes les heures.

Voitures de Bouju, 7 fois par jour, chez Provost, rue de Paris, 82.

Pour HARFLEUR. —Voitures particulières chez Dentu, Arcades Nord.

Pour Rolleville.

Entreprise générale des voitures de place et de remises, Administration à Sanvic, près des Quatre-Chemins ; bureau au Kiosque Nord, place Louis XVI.

8.

Pour Étretat.

Planchon, place Louis XVI. Les dimanches et jeudis.

Voitures-Omnibus entre Le Havre Sanvic et Octeville.

Départ du Havre pour Octeville, le dimanche et le lundi. Pour Etretat, les dimanches et jeudis.

Du Havre à 9 h. 1/2 du matin et à 5 h. 1/2 du soir ; d'Octeville, à 10 h. 1/4 du matin et à 7 h. 1/4 du soir. — Depuis le 21 Avril jusqu'au 28 octobre.

Stations : Au Havre, place Louis XVI, rue des Pincettes et rue de Paris.
A Sanvic, auprès de l'Église.
A Octeville, auprès de l'Église.

Omnibus du Havre, Ingouville et Graville.

Directeur M. Lemière, à Ingouville et à Graville.

VOITURES DE PLACE ET DE REMISE.

Etablissément à Sanvic, Quatre-Chemins.

M. LANQUETOT, Propriétaire-Gérant. — Bureau au Kiosque Nord, place de la Comédie.

Course de cabriolet et citadine à un cheval. F.	1	25
La première heure	2	—
Les suivantes	1	75
Course de fiacre, landau ou calèche, 2 chev..	1	85
La première heure..................	2	25
Les suivantes.............	2	—

Voitures de remise pour Noces, Baptêmes et Soirées, etc.
Voitures de campagne et de Voyage.

Abonnement à la journée, au mois ou à l'année.

L'Entreprise fournit des Equipages avec ou sans livrée,
à la journée, au mois ou à l'année.

CHEVAUX DE SELLES ET VOITURES A VOLONTÉ.

MM. Anger, au manège, rue Bernardin-de-St-Pierre.
Blondel, sur la Chaussée d'Ingouville.
Brouaise, rue des Etoupières.
Catherine, rue des Pincettes, 20.
Dentu, au café Charles, Arcades Nord.
Gohier Victor, rue Caroline, 11.
Isidore, place Louis-Philippe.
Lebon (J.),rue de la Comédie, 5.
Mathurin-Lebacle, rue des Viviers, 37.
Riard, rue de Paris, 51
Thillaye, rue de la Mailleraye, 48.
Verilhe et Ce, voitures de place, place du Marché,
à Ingouville.
Omnibus: — Lemière, rue de Normandie, à Graville.

Poste aux Chevaux

Rue d'Orléans, 32.

Directeur titulaire, M. Topsent, maître de poste. —
Chevaux, Voitures et Courriers, à volonté.

PAQUEBOTS A VAPEUR ET BATEAUX PASSAGERS.

Un service régulier entre Le Havre et Honfleur, a lieu par des Paquebots à vapeur qui stationnent dans l'avant-port ; ils partent et reviennent tous les jours.

Le même service se fait par quatre bateaux à voiles, appartenant à l'Hospice et qui portent marchandises et passagers.

Deux superbes steamers font également le service du Havre à Rouen *et vice versâ* ; ils partent tous les jours de ces deux destinations.

Leur service commence le 1er avril et finit le 1er octob.

Nous ne parlons ici que des bateaux qui transportent des voyageurs. Pour ceux qui transportent à la fois des marchandises et des passagers, *voir* le tableau, page 55.

BAINS PUBLICS.

Bains Frascati, au Perrey, près la porte du Perrey. — Hôtel, Restaurant, Bains de toute espèce, salles de lecture, de jeux et de concerts.
Directeurs : MM. P. Bredart et Comp.

Bains du Havre, sur le Perrey, à côté des Bains Frascati.

Bains du Havre, rue du Grand-Croissant. — Bains d'eau douce, bains médicinaux, bains de vapeur, douches ascendantes et descendantes, et de vapeur fumigative de toute espèce à la boîte.

Bains Notre-Dame, rue de Paris, 22.

Bains du Perrey, près des moulins. — Colboc, Breton, Ducreux et Galais.

Bains Geffray, à Ste-Adresse.

CHAPITRE II.

INGOUVILLE.

Ingouville était dans l'origine une maison de campagne qui portait le nom d'*Ingulfi-Villa*, sans doute du nom d'*Ingulfus*, son propriétaire. Aujourd'hui cette commune est pour ainsi dire le faubourg du Havre dont elle n'est séparée que par les fortifications. Ingouville prend tous les jours du développement ; par les soins de l'autorité , des rues nouvelles sont ouvertes, les anciennes sont élargies et bien entretenues. Dans un avenir, peu éloigné sans doute, Ingouville sera aussi une ville grande et riche et si la spéculation ne vient pas y établir son siége, le peuple du moins y sera heureux par le travail que lui procurera l'industrie.

La côte d'Ingouville est un vaste amphithéâtre orné de belles maisons de campagne appartenant en grande partie à des négocians du Havre. Il est impossible d'imaginer rien de plus brillant, de plus grandiose et de plus saisissant que le spectacle qui se présente et se développe sous les pieds de l'observateur placé au sommet de cette côte. Il est impossible de décrire, sans rester bien au-dessous de son modèle, un tableau aussi varié, aussi féerique : aussi M. Casimir Delavigne a-t-il résumé son admiration dans ce vers :

« Après Constantinople, il n'est rien de plus beau! »

Et pas un de ceux qui ont gravi le coteau d'Ingouville n'a accusé le poète d'exagération.

ÉGLISES.

Il y a à Ingouville deux églises, celle des Pénitens et celle de St-Michel dont l'architecture ne présente aucun intérêt. Cette dernière est élevée sur le cimetière commun.

HOPITAL.

Le roi Henri II avait fondé au Havre, en 1554, un *hôpital* qui fut démoli en 1669 et dont le terrain servit à élever l'arsenal de la marine. L'hôpital du Havre fut alors transféré à Ingouville, dans une situation préférable sous tous les rapports. L'établissement est vaste, parfaitement aéré, d'immenses jardins

8.

l'entourent et une petite église qui en dépend forme une succursale de la paroisse d'Ingouville; elle est desservie par l'aumônier de l'hôpital. L'hôpital du Havre est administré par une commission et régi à l'intérieur par les Dames de St-François de Villeneuve sous la direction de Mme de France : il a 200,000 francs de revenu et sa population est, en moyenne, de 600 individus, vieillards, enfans et malades. Cet établissement est tenu avec beaucoup de coquetterie, tous les lits sont en fer, décorés de rideaux blancs. Les bonnes Sœurs y font régner partout l'ordre et la propreté. Mais la perfection n'est pas de ce monde; malgré tout leur zèle, ces Dames n'ont pu faire disparaître encore le despotisme des infirmiers, et l'on sait quelle puissance ces agens subalternes exercent sur les malheureux qui sont placés sous leurs ordres. Lorsque ce triomphe sera obtenu, l'hôpital du Havre sera très certainement aussi parfait que peut l'être un établissement de ce genre.

CIMETIÈRES.

Le *Cimetière* du Havre est situé à l'ouest d'Ingouville : c'est un terrain entouré de murailles, assez vaste, mais trop rapproché des habitations. Quelques monumens s'y font remarquer par leur simplicité et le bon goût qui a présidé à leur érection. Il faut cependant distinguer la pyramide quadrangulaire érigée à la mémoire du général de brigade Baron Rouelle, mort le 13 février 1833, âgé de 63 ans.

Le *Cimetière* d'Ingouville est situé à mi-côte. Là, rien de remarquable; de la modestie même dans la mort, c'est rare.

INDUSTRIE.

Les progrès de l'industrie à Ingouville sont remarquables. Là, le long de la plage, sont situés les chantiers de construction qui ont doté la marine marchande de ces beaux bateaux à vapeur dont tout le monde admire l'élégance, et de ces magnifiques navires qui forment une partie de la fortune du Havre.

Plus près de la ville, les *Bains Frascati*, établissement qui par sa situation, son élégance, la bonne distribution de ses appartemens, le bon goût de ses fêtes, offre aux baigneurs tous les avantages qu'ils chercheraient vainement dans les autres ports de la Manche.

Nous mentionnerons encore l'établissement

des bains à la lame, qui précède celui de Frascati, et les bains dits *gosset,* qui se trouvent un peu au-delà. Sans avoir l'élégance de ceux de Frascati, ces deux établissemens sont disposés de manière à satisfaire à toutes les exigences.

Dans la Grande-Rue, dite *la Plaine*, c'est-à-dire sur la route du Havre à Paris, on remarque la belle *raffinerie de sucre* établie tout récemment et avec d'importantes modifications par MM. J. Clerc Kayser et Cᵉ, et la *fonderie de fer* de M. Caunois. L'industrie manufacturière s'est portée plus particulièrement vers Graville, où les terrains sont moins recherchés et où, par suite, on les obtient à des conditions plus favorables.

Foire Saint-Michel.

Il se tient tous les ans à Ingouville à la St-Michel, fin de septembre, une foire qui dure trente jours. Elle attire assez de monde.

Mais ce qui est assez curieux, c'est de voir l'activité et le mouvement qui règnent le

dimanche et le lundi dans toutes les guinguettes qui bordent la route du Havre à l'é-
glise de Graville. La population laborieuse des
deux sexes a revêtu ses habits de fête et se rend
en famille à ces divers établissemens qui rem-
placent au Havre les barrières de Paris: on
dîne, on chante, on danse, le cidre coule à
flots, et le soir on se couche en disant comme
TITUS : « *Je n'ai pas perdu ma journée.* »

CHAPITRE III.

GRAVILLE.

Graville, du latin *Geraldi-Villa*, est un joli village qui touche maintenant à Ingouville et dont il n'est pour ainsi dire que le prolongement. Cette commune est très ancienne, ainsi que semblent l'attester les médailles romaines trouvées dans son voisinage. L'église est située à mi-côte, à une lieue du Havre, sur un terrain fort élevé qui domine sur une grande étendue du pays et forme un des plus beaux points de vue qu'on puisse désirer; elle appartenait autrefois à un prieuré qui a disparu avec la révolution; c'est un des plus précieux monumens laissés par l'architecture lombarde. Le prieuré, aujourd'hui le presbytère, s'élève sur une espèce de cave voûtée à plein cintre, au milieu de laquelle se trouve un puits profond et d'un très grand diamètre.

Au pied de la côte est l'emplacement qu'occupait autrefois un château-fort, entouré de tours et d'un fossé large et profond dans lequel coule un ruisseau qui s'échappe de la montagne. Les Seigneurs de Graville sont célèbres dans les fastes de Normandie. Cette famille commença à Guillaume Malet de Graville qui fut un des héros de la bataille d'Hastings, en 1066, et s'éteignit à la mort de leur septième descendant.

« Ce fut en 1836 qu'une compagnie de marchands de terrains jeta sur la partie méridionale de Graville les fondemens d'une ville nouvelle. Ce projet de placer à côté du port le plus intéressant de la France, sous le rapport commercial, une cité tout industrielle qui profitât immédiatement des matières premières apportées par les innombrables navires du Havre, ce projet merveilleux séduisit et entraîna toute une population. Une église, élégante construction moderne qui s'harmonise suffisamment avec les maisons qui l'entourent, doit servir comme de point de ralliement à d'importantes fabriques, à des usines considérables. Ce temple dédié à la Vierge Marie a été béni en août 1839, au milieu d'une foule accourue du Havre et des environs pour assister à cette solennité chrétienne. Elevé sur les dessins de M. Frissard, il a reçu du prince royal le premier tableau qui en décore l'intérieur : c'est une belle copie du Christ consolateur d'*Ari Scheffer*.

« Des rues larges, immenses, parfaitement droites ont emprunté des noms brillans, des désignations aimées et populaires, à l'histoire particulière de la localité et aux fastes du pays. Le duc et la duchesse d'Orléans eux-mêmes, à la prière de M. Eyriès, maire de cette commune, laissèrent leurs noms à deux de ces rues, comme témoignage de l'intérêt que leur inspirait cette ville naissante qui semblait se dresser, pour les voir, sur son berceau miraculeux. »

(Normandie pittoresque).

9

INDUSTRIE.

C'est à Graville que l'industrie est venue se fixer. Là, débarrassée des entraves qui dans la ville, auraient nui à son développement, elle a pris un essor que le temps ne fera qu'accroître.

En première ligne nous citerons :

1°. L'établissement de M. Nillus.— Fonderie de fer sur la plus vaste échelle ; — Construction de machines à vapeur ; — Fer et cuivre laminés ; — Fers en barres étirés au laminoir.

2°. L'établissement de MM. Mazeline frères. —Fabrique de machines à vapeur et de machines en tout genre.

3°. Fabrique de chaînes-câbles de M. David.

4°. Fonderie de fer de M. Lepage.

5°. Filature de coton et ateliers de tissage de MM. F. Courant et Ce.

6°. Fabrique de produits chimiques.

7°. Epuration d'huile de MM. Vasseur et Ce.

8°. Fabrique de gaz portatif.

9°. Brasserie de bière façon alsace de MM. Saglio et Ce.

10°. Raffinerie de sucre de MM. Blais et Lecrosnier.

L'EURE.

La paroisse de L'EURE, en raison de son peu d'importance, a été jointe en 1835 à la commune de Graville. L'église, qui date du XIIe siècle, n'offre rien de remarquable que sa simplicité. Le petit port de L'Eure fut de quelque importance avant 1530, époque de la fondation du Havre. Henri V, roi d'Angleterre, y débarqua en 1415, lorsqu'il vint mettre le siége devant Harfleur, et ce fut de la crique de L'Eure que le comte de Richmont, Henri Tudor, partit, en 1485, avec une flotte montée par 4000 aventuriers normands. Il débarqua dans le pays de Galle, battit Richard et se fit couronner roi sous le nom d'Henri VII.

Il se trouve à L'Eure un superbe restaurant, connu sous le nom de *Grand-Parc-aux-Huîtres* ; cet établissement, situé sur le bord de la mer et auquel on peut se rendre, du Havre, en un quart-d'heure, offre aux étrangers toutes les commodités désirables : bonne table, billard, salon et cabinets de société. Les huîtres y sont entretenues dans de vastes bassins qui reçoivent l'eau de la mer deux fois par jour. On s'y rend en traversant la caserne, dite la citadelle, et en passant par la porte de Secours.

9.

CHAPITRE IV.

SAINTE-ADRESSE.

En suivant la côte d'Ingouville, vers l'ouest, on arrive au riant village de Ste-Adresse, bâti dans un vallon dont les ombrages sont recherchés par les promeneurs et surtout par les étrangers, qui viennent l'été y fixer leur résidence. Sur la pointe du rivage, vers la mer se trouve un restaurant bien tenu ; il sert de but de promenade et de station aux personnes qui vont visiter les phares ou qui veulent jouir du coup d'œil de la rade, tout en satisfaisant aux besoins de leur appétit.

Les Romains ont laissé sur le territoire de

Ste-Adresse plus d'une trace de leur domination ; mais la partie qui fut plus particulièrement habitée soit par les Romains, soit par
les peuples du moyen-âge, a complètement
disparu par les envahissemens de la mer.
Voici les renseignemens que l'histoire moderne
fournit sur cette localité :

En 1421 et 1491, les Anglais débarquèrent
au pied des falaises de Ste-Adresse.

Le 14 juillet 1545, François 1er assista du
haut des falaises au départ de la flotte qu'il
destinait à une descente en Angleterre.

Charles IX, et sa mère, la reine Médicis,
assistèrent à la reprise du Havre sur les Anglais. On voit encore à Ste-Adresse un reste
du manoir de Vitanval qui abrita ce prince
et sa cour.

Les sources qui alimentent les fontaines du
Havre descendent des collines de cette commune.

Bernardin de St-Pierre, dans une allégorie
brillante a personnifié le cap la Hève, l'ancien
promontoire des *Calètes*.

« La Seine, fille de Bacchus et de la nymphe Cérès, avait suivi dans les Gaules la

déesse des blés, lorsqu'elle cherchait sa fille Proserpine par toute la terre. Quand Cérès eut mis fin à ses courses, la Seine la pria de lui donner, en récompense de ses services, ces prairies que vous voyez là-bas. La déesse y consentit, et accorda de plus à la fille de Bacchus, de faire croître des blés partout où elle porterait ses pas. Elle laissa donc la Seine sur ces rivages, et lui donna pour compagne et pour suivante, la nymphe Héva qui devait veiller près d'elle, de peur qu'elle ne fût enlevée par quelque Dieu de la mer, comme sa fille Proserpine l'avait été par celui des enfers. Un jour que la Seine s'amusait à courir sur les sables en cherchant des coquilles, et qu'elle fuyait, en jetant de grands cris devant les flots de la mer, qui quelquefois lui mouillaient la plante des pieds, et quelquefois l'atteignaient jusqu'aux genoux, Héva, sa compagne, aperçut sous les ondes, les cheveux blancs, le visage empourpré et la robe bleue de Neptune; ce Dieu venait des Orcades après un grand tremblement de terre, et il parcourait les rivages de l'Océan, examinant avec son trident, si leurs fondemens n'avaient point été ébranlés. A sa vue, Héva jeta un grand cri, et avertit la Seine qui s'enfuit aussitôt vers les prairies; mais le Dieu des mers avait aperçu la nymphe de Cérès, et, touché de sa bonne grâce et de sa légèreté, il poussa sur le rivage ses chevaux marins après elle. Déjà il était près de l'atteindre, lorsqu'elle invoqua Bacchus son père et Cérès sa maîtresse : l'un et l'autre l'exaucèrent. Dans le temps que Neptune tendait ses bras pour la saisir, tout le corps de la Seine se fondit en eau ; son voile et ses vêtemens verts, que les vents poussaient devant elle, devinrent des flots couverts d'émeraude; elle fut changée en un fleuve de cette couleur, qui se plaît encore à parcourir les lieux qu'elle a aimés étant nymphe. Ce qu'il y a de plus remarquable, c'est que Neptune, malgré sa métamorphose, n'a cessé d'en être amoureux, comme on dit que le fleuve Alphée l'est encore, en Sicile, de la nymphe Aréthuse! Mais si le dieu des mers a conservé son amour pour la Seine, la Seine garde encore son aversion pour lui. Deux fois par jour il la poursuit avec de grands mugissemens ; et chaque fois, la Seine s'enfuit dans les prairies, en remontant vers sa source, contre le cours naturel des fleuves. En tous temps elle sépare ses eaux vertes des eaux azurées de Neptune.

« Héva mourut du regret de la perte de sa maîtresse ; mais les Néréïdes, pour la récompenser de sa fidélité, lui élevèrent sur le rivage un tombeau de pierres blanches et noires qu'on aperçoit de fort loin ; par un art céleste, elles y renfermèrent un écho, afin que Héva, après sa mort, prévînt, par l'ouïe et par la vue, les marins des dangers de la terre, comme pendant sa vie elle avait averti la nymphe de Cérès des dangers de la mer. Vous voyez son tombeau, c'est une montagne escarpée, formée de couches funèbres de pierres blanches et noires ; elle porte toujours le nom d'Héva. Vous voyez à cet amas de cailloux, dont la base est couverte, les efforts de Neptune irrité pour en ronger les fondemens ; et vous pouvez entendre d'ici les mugissemens de la montagne qui avertit les gens de mer de prendre garde à eux. Amphitryte, touchée du malheur de la Seine et de l'infidélité de Neptune, pria les Néréïdes de creuser cette petite baie que vous voyez sur votre gauche *, à l'embouchure du fleuve, et elle voulut qu'elle fût en tout temps un havre assuré contre les fureurs de son époux. »

* Du sommet du cap, on découvre, à gauche le port du Havre.

PHARES.

Les phares sont deux tours quadrangulaires éloignées l'une de l'autre de 62 mètres ; elles sont hautes de 85 pieds (27 m.) ce qui leur donne 385 pieds (125 m.) au-dessus du niveau de la mer. On arrive à la plate-forme qui les domine par un escalier de cent deux marches. La lumière des phares est aperçue de sept lieues en mer. On les alluma pour la première fois le 1er novembre 1775 : ils correspondent avec ceux de Barfleur et de l'Ailly. Lorsque le temps est clair, la vue embrasse un espace considérable : la pointe de Barfleur à 18 lieues sud-ouest du Havre ; au nord le cap d'Antifer ; au sud la pointe de Dives et l'embouchure de l'Orne ; enfin le Havre avec ses navires, ses chantiers et ses rades couvertes de voiles qui apparaissent imperceptibles et qui viennent se dessiner, pour ainsi dire, aux pieds de l'observateur.

SANVIC.

On fait remonter à une colonie de Saxons la fondation de *Sanvic*. Le clocher de son église doit appartenir , dit M. Guilmeth , à la plus ancienne période de l'architecture ro_ mane. Aujourd'hui une partie de la population de cette commune, se livre à la fabrication des tuiles , des briques, de la poterie et de la faïence, que l'on exporte en partie comme lest pour les navires. M. Vicart a établi récemment à Sanvic une verrerie. C'est là qu'une grande partie des brasseurs s'approvisionnent des bouteilles qui leur sont nécessaires pour leurs envois de bière aux colonies. L'établissement de M. Vicart ne peut manquer de prospérer, fondé, qu'il a été, d'après les besoins bien calculés du pays.

CHAPITRE V.

HARFLEUR.

Harfleur est une ville très ancienne, désignée dans différens titres du moyen âge sous les noms de *Hardflew*, *Hareflot* ou *Harfleu*. Elle était déjà considérable en 1035. Monstrelet nommait jadis cette ville *le souverain port de la Normandie*. Sa situation à l'embouchure de la petite rivière de la Lézarde et à l'embouchure de la Seine, favorisa ses accroissemens, et le commerce accrut sa prospérité. Les guerres qui survinrent entre la France et l'Angleterre nuisirent beaucoup à son commerce, mais la paix lui fit bientôt réparer ses pertes. Les marchands de la Castille et de la Lombardie y apportaient du vin, du blé, de la cire, du cuir, et Harfleur devint ainsi l'entrepôt des richesses et de la navigation d'outre-mer et de la Seine, en même temps qu'elle élevait dans son sein des manufactures de draps qui acquirent une grande réputation. Tant de prospérité réveilla la haine d'un ennemi implacable, et Henri V, roi d'Angleterre, débarqua devant Harfleur le 14 août 1415. Les assiégés, réduits à 400 hommes de garnison, se défendirent avec courage ; mais après 40 jours de siége, ils furent contraints de se rendre à discrétion. Seize cents familles furent dépouillées de leurs possessions, chassées de leur terre natale et conduites à Calais. Un petit nombre d'habitans eurent la permission d'y rester à des conditions très dures. Vingt années plus tard la ville fut affranchie de cette odieuse tyrannie par le courage de cent quatre habitans. En 1440, elle fut reprise et saccagée par les Anglais, et retomba au pouvoir de Charles VII, en 1449. L'industrie se raviva par degrés ; mais différentes causes s'opposèrent à ce qu'elle reprit sa splendeur primitive : les guerres de religion qui détruisirent ses remparts, la fondation du Havre, la révocation de l'édit de Nantes, et le fleuve qui a cessé de remplir ses bassins.

Aujourd'hui le commerce d'Harfleur est loin de son antique splendeur. Il y arrive cependant encore une centaine de navires chargés de charbon et de bois, dont les cargaisons sont destinées principalement aux villes manufacturières voisines. Il y existe une superbe raffinerie de sucre exploitée par MM. Saglio et Ce : on y fabrique le sucre en pain et le sucre candi; ce dernier rivalise avec ce que la Belgique fait de plus beau en ce genre. On se livre aussi à Harfleur à l'épuration et au commerce des huiles de graines.

La situation d'Harfleur est on ne peut plus agréable. Du haut d'une colline qui s'élève au nord de cette ville, on jouit d'un coup d'œil magnifique sur une vallée fertile et bien cultivée, sur des collines ombragées de bouquets d'arbres admirablement disposés, sur le cours majestueux de la Seine et sur les côtes de la rive opposée qui se perdent dans l'horizon. Une vaste prairie, où la Lézarde serpente pendant un cours d'une lieue, s'étend entre Harfleur et la pointe du Hoc, où est situé le lazaret du Havre.

L'église d'Harfleur, surmontée d'un beau clocher en pierre, fut bâtie pendant le séjour des Anglais dans cette ville et comme monument de la bataille d'Azincourt. Cette église n'a point été terminée, mais elle est remarquable dans la partie qui en reste, par le fini et la beauté des culs-de-lampe suspendus aux clefs des arceaux. Le portail qui orne un des côtés de l'édifice, est d'une assez belle exécution. L'ancien chœur, dont il ne reste plus que des vestiges, présentait des morceaux d'architecture gothique et des arabesques d'une grande délicatesse, que l'on attribue au 15e siècle.

(Extrait du *Dict. géogr. des Communes* 1828.)

ORCHER.

Orcher, ou plutôt Gonfreville-l'Orcher, est situé à trois lieues Est du Havre, sur le bord de la Seine, en face d'Honfleur et à une lieue d'Harfleur. De la terrasse naturelle qui couronne la falaise, contre laquelle viennent battre les flots, on découvre les côtes des départemens de l'Eure et du Calvados qui forment la rive gauche du fleuve, à son embouchure, et les baies de Villequier, de Touques et de Caen. Ce site est, sans contredit, un des plus beaux de toute la Normandie.

La belle pelouse qui orne la terrasse, les avenues, les bosquets entretenus avec soin par le propriétaire de l'antique château d'Orcher, font de ce lieu le rendez-vous des habitans du Havre et des étrangers qui visitent le pays de Caux.

« A travers les crevasses de la roche sur laquelle le château d'Orcher est assis, coulent lentement les eaux d'une fontaine qui contient des sels incrustans. Des débris de végétaux des mousses de toute sorte, enveloppées d'un sel calcaire qui les défend de l'atteinte extérieure de l'air, tapissent les parois de la falaise. »

Les promeneurs trouvent, à Orcher, des lieux de repos où ils peuvent à la fois satisfaire leur appétit et leur goût pour les plaisirs.

CHAPITRE VI.

MONTIVILLIERS.

Montivilliers doit son origine à des moines. Varatan, maire du palais, y fonda une abbaye en 682, dans un des sites les plus agréables de la Normandie. La population qui entourait l'abbaye étant devenue considérable, on construisit une enceinte de murailles, et Montivilliers devint une ville. Vers la fin du 14e siècle on en fit une place forte, et en 1379, elle possédait des fabriques de draps qui rivalisaient avec celles du Brabant. La perte du commerce d'Harfleur détermina la chute de l'industrie de Montivilliers.

Aujourd'hui c'est une ville champêtre d'un aspect riant, située à l'extrémité d'une jolie vallée qu'arrose la Lézarde, à 3 lieues du Havre. Sa porte d'entrée est flanquée de deux tours, et l'on rencontre encore des débris des murs de son enceinte.

L'église de Montivilliers est celle de l'ancien monastère, relevée à la suite de l'invasion des hommes du Nord. Ce bâtiment appartient à l'architectnre du moyen âge. Sa tour fixe particulièrement l'attention.

Les protestans y ont un temple et un pasteur.

L'industrie de cette ville est nulle : on y remarque cependant des blanchisseries de toile.

On a fondé, il y a quelques années, à l'entrée de Montivilliers, un moulin à farine à mouvement horizontal. La chute d'eau qui le fait mouvoir est de la force de 30 chevaux. Il mérite d'être visité comme une heureuse application des agens mécaniques à ce genre d'industrie. Il y existe aussi une brasserie de bière exploitée par M. Bobée et dont les produits jouissent d'une grande réputation à l'étranger.

Le château d'Ecure, situé sur la commune de Saint-Martin-du-Manoir, près Montivilliers, est une propriété qui mérite d'être visitée. Ses délicieux ombrages, sa position près des sources limpides de Gournay, ses beaux arbres, qui forment une voûte de verdure des plus rares, en font un paysage enchanté.

Nous indiquerons encore comme but de promenade et de réunion, le village de Gournay, renommé pour ses salmis de canards, et la vallée d'Epouville, traversée par la Lézarde et garnie dans toute sa longueur de moulins à blé et à papier.

CHAPITRE VII.

LILLEBONNE.

—◆—

Lillebonne, sur la route de Rouen et à 7 lieues du Havre, fut fondée par César-Auguste qui la fit bâtir dans l'intention de se rendre maître du cours de la Seine. Il la nomma *Julia-Bona*, du nom de sa fille *Julie*. Bientôt cette cité devint la capitale du pays des *Caleti*, aujourd'hui pays de Caux. La florissante Lillebonne, tour à tour dévastée par les Saxons et par les pirates de la Scandinavie, reprit de la splendeur sous les ducs normands qui y fixèrent quelquefois leur résidence.

La ville de Lillebonne est située au pied d'un coteau rapide, à l'extrémité d'une vallée boisée où coule la rivière de Bolbec. Le château de Lillebonne, appelé aussi le château d'Harcourt, est un monument curieux et assez bien conservé. Les restes de cette forteresse antique présentent un aspect imposant. « Là, dit Bernardin de Saint-Pierre, s'élèvent de hautes tours crénelées, du sommet desquelles sortent de grands arbres qui paraissent dans les airs comme une épaisse chevelure; on aperçoit çà et là, à travers les tapis de lierre qui en couvrent les flancs, des fenêtres gothiques qui ressemblent à des entrées de cavernes; on ne voit voler autour de cette habitation désolée que des buses qui planent en silence, et si l'on y entend parfois la voix d'un oiseau, c'est celle de quelque hibou qui y fait son nid. Quand je me rappelai, à la vue de ce manoir, qu'il était autrefois habité par de petits tyrans qui, avant que l'autorité royale fût suffisamment établie dans le royaume, exerçaient çà et là leurs brigandages sur leurs malheureux vassaux, et même sur les passans, il me semblait voir la carcasse et les ossemens de quelque grande bête féroce. »

Un peu au-dessous du château on a découvert l'enceinte demi-circulaire d'un ancien théâtre romain; des vestiges d'anciennes chaussées subsistent encore; et des souterrains, des tombeaux, des médailles, des urnes sépulcrales, qu'on y a trouvés à différentes époques, attestent l'importance dont jouissait autrefois cette cité.

L'industrie a pris un grand accroissement à Lillebonne et dans toute la vallée qui la sépare de Bolbec.

CHAPITRE VIII.

BOLBEC.

La ville de Bolbec fut en partie détruite par trois incendies dont le dernier arrivé le 14 juillet 1765 fut le plus funeste : il n'épargna que dix maisons : « Vers une heure, dit M. Collen Castaigne, le vent qui soufflait fort poussa les flammes d'un bout à l'autre du bourg, le plus riche du pays, en deux heures neuf cents maisons furent consumées. L'église ne fut pas exceptée, les cloches, les vases sacrés, l'argenterie, disparurent dans cet immense creuset.... Mobilier, marchandises, tout fut brulé, et il ne resta aux malheureux

11.

habitans que les vêtemens qu'ils portaient. Il ne fut sauvé de papiers publics que les minutes du notariat ; la femme du notaire, âgée de vingt ans, les sauva à travers les flammes avec un courage au-dessus de son sexe, et ce qui rendit son action encore plus belle, c'est qu'elle n'emporta rien de ses propres effets. » Après l'incendie, la ville fut entièrement rebâtie.

Bolbec possède des fabriques considérables d'étoffes de laines, de toiles de lin et de coton, de siamoises, d'indiennes, de mouchoirs, etc. Il se fait en outre dans cette ville un commerce considérable de grains, de chanvre et de bestiaux.

CHAPITRE IX.

FÉCAMP.

Quelques historiens font remonter la fondation de Fécamp à l'époque de la conquête des Gaules par les Romains. Richard 1er, duc de Normandie, fonda à Fécamp, en 988, une abbaye d'hommes qui a subsisté jusqu'à la fin du 18e siècle, et qui, enrichie successivement par les ducs, parvint à un haut degré de splendeur. Il ne reste plus que l'église de cette antique abbaye; on y descend par douze marches. Le chœur, revêtu et pavé en marbre, est de la plus grande richesse. Fécamp est avantageusement situé sur le bord de la mer, à l'embouchure de la rivière de son nom. L'abord en est triste, mais son port et sa rade sont reconnus pour être les meilleurs de la côte. Sur une lisière de quatre à cinq lieues de chaque côté de Fécamp, s'étendent les communes maritimes où se fait la soude de varech. Fécamp jouit du double avantage d'avoir une industrie manufacturière et d'être une ville maritime. Il y existe des ateliers consacrés au filage, au tissage et à la teinture du coton. On y fait aussi des armemens pour la pêche de la morue, du hareng et du maquereau.

ETRETAT.

Ce village, à 6 lieues du Havre, est situé sur la Manche, à l'est du cap d'Antifer ; il n'est défendu contre les flots que par une digue naturelle formée par des cailloux et par des débris de la côte successivement amoncelés par les vagues. La situation d'Etretat est très pittoresque, et sa position, au milieu des rochers, lui donne quelque chose de sauvage. Mais c'est surtout du côté du nord-ouest que ce village offre l'aspect le plus singulier. La falaise qui ferme la vallée, du côté du Havre, y montre ses flancs escarpés ; et, en suivant de gauche à droite le prolongement de la hauteur opposée, l'œil rencontre la roche appelée l'Aiguille d'Etretat, qui n'a pas moins de 200 pieds de hauteur. La rade d'Etretat est d'un excellent fond, et la baie, considérée comme baie d'échouage, peut passer pour la meilleure de la côte. Etretat possédait un fort beau parc aux huîtres; on les y apportait de la baie de Cancale, et le mélange d'eau douce et d'eau salée dont on les arrosait, leur donnait, en fort peu de temps, une qualité supérieure. Il a été abandonné totalement après le fameux hiver de 1789.

CHAPITRE X.

BIOGRAPHIE.

L'arrondissement du Havre a donné naissance à un grand nombre de personnes remarquables; nous ne pouvons nous occuper ici que
de quelques noms dont la célébrité est devenue
la propriété de l'histoire.

ANCELOT, né au Havre, l'un des poètes les
plus distingués qui honorent la France.

BEAUVALLET (Pierre-Nicolas), né au Havre
le 21 juin 1750, est un des statuaires qui firent
le plus d'honneur à l'Ecole française. Elève de
Pagore, il alla étudier les chefs-d'œuvre de
l'antiquité en Italie; et, à son retour, il exé-

cuta successivement la statue de *Barnave* et le *Silence et la Force* pour le palais du Luxembourg. On lui doit encore la statue de *Sully*, *Suzanne au Bain* et *Narcisse*. Cet artiste périt misérablement des suites d'une chute dans un escalier dérobé ; il était âgé de 68 ans.

BERNARDIN-DE-ST-PIERRE (Jacques-Henri), né au Havre, le 19 janvier 1737, se livra aux sciences exactes, et fut reçu ingénieur à 20 ans ; il passa successivement au service de Frédéric-le-Grand, de Catherine II, et fut ensuite nommé capitaine-ingénieur de la colonie de l'Ile-de-France. Appelé par Louis XVI à remplacer Buffon au Jardin des Plantes, il fut, en outre, professeur de morales à l'Ecole normale, membre de l'Institut et de la Légion-d'Honneur. Ses *Etudes de la Nature* et *Paul et Virginie* lui assignent une place à côté des écrivains dont cette époque s'honore le plus. Cet homme célèbre est mort le 21 janvier 1814, âgé de 76 ans.

BUQUET (Léon), né au Havre ; mort en 1840, à peine âgé de 32 ans.

Buquet a fourni une carrière littéraire distinguée. Il a publié un volume de *Miscellanées* ;

la *Normandie poétique* ; plusieurs pièces de théâtre qui ont eu du succès, et des articles de critique théâtrale insérés dans différens journaux. Il a fondé le journal *le Courrier-du-Havre*. Son style est pur et sa poésie, souvent pleine de verve, est parfois empreinte de mélancolie, résultat sans doute de la cruelle maladie qui l'a conduit au tombeau.

> « Cependant, en dépit du mal qui me consume,
> « Je ne sais quoi réchauffe et redresse ma plume.
> « Je ne sais quoi de fort et de mystérieux
> « Eclate dans mon cœur, en cris impétueux,
> « Et, comme le volcan qui jette sa fumée,
> « Pousse au dehors ma muse un instant ranimée. »

DELAVIGNE (Casimir), poète dramatique et l'un des littérateurs les plus célèbres de notre époque, est né au Havre.

DICQUEMARE, né au Havre le 7 mars 1733, mort en 1789, connu par ses connaissances en physique, en histoire naturelle, en géographie et en navigation.

DUBOCAGE-DE-BLÉVILLE, navigateur célèbre, né au Havre, et mort en 1728. C'est à lui

qu'on doit le premier cabinet d'histoire naturelle formé au Havre.

La Comtesse DE LA FAYETTE, née au Havre,
en 1632, est auteur de *La Princesse de Clèves*,
de *Zaïde*, de *La Princesse de Montpensier*, etc.

LEVÉE, né au Havre le 3 septembre 1769,
mort à Paris, le 11 septembre 1828, officier
de l'Université, est connu par une bonne
traduction du Théâtre des Latins.

ROUELLE, maréchal-de-camp, né au Havre,
mort colonel de la Garde nationale, le 14
février 1833, est connu par sa belle défense de
Sagonte.

RUFFIN, François-Aimable, né à Bolbec,
partit à 19 ans comme volontaire, à trente-six
ans, il était général de division, comte de
l'empire. Il se distingua à Eylau, à Dantzig,
à Friedland, etc. Il fut blessé en Espagne, à
la bataille de Chiclana (février 1810) et fait
prisonnier par les Anglais. Il mourut en Angleterre; on lui rendit les honneurs dus à son
grade.

Scudéry frère et sœur, nés au Havre, et morts, l'un en 1667 et l'autre en 1701. Ils sont connus, l'un par le poëme d'*Olaric*, peu estimé; l'autre par des romans et des poésies légères qui lui ont assigné une place remarquable dans la république des lettres.

Yvon, né au Havre le 28 juillet 1768, et mort le 24 décembre 1806, au passage du pont de la Kolozombia, à la tête du 14e de ligne dans lequel il servait comme capitaine-adjudant-major. Après la bataille d'Austerlitz, le général Saint-Hilaire dit : « Je ne connais « point dans la grande-armée de plus brave « homme qu'Yvon.

BIBLIOGRAPHIE.

La librairie au Havre fait peu d'entreprises importantes, cela s'explique du reste, par la rareté des éditeurs et par le peu de sympathie que la population commerciale de notre place réserve à toutes les publications qui n'ont pas un but d'utilité bien reconnu. C'est sous ce rapport qu'elle a accueilli avec une faveur particulière le *Nouveau Guide des Mères de Famille* *, publié par M. le docteur MAIRE, du Havre. Cet ouvrage est écrit avec précision et clarté, et bien que la matière soit aride, l'auteur a su en rendre la lecture attachante, ce qui est un grand mérite pour le genre didac-

* Volume in-8°, de 500 pages, chez F. Hue, imprimeur, rue de Paris, 63, prix 6 fr. 50 c.

tique. Du reste, M. Maire développe lui-même le plan de son ouvrage et en présente ainsi l'utilité :

« J'ai voulu, dit l'auteur en s'adressant aux mères, j'ai voulu vous aider dans le pieux devoir que vous avez à remplir ; j'ai voulu vous éclairer sur de funestes pratiques, encore trop souvent mises en usage ; je vous ai vues trembler au plus léger cri que poussait votre enfant, j'ai voulu veiller avec vous près de son berceau, vous tranquilliser, vous éclairer sur des dangers réels et imaginaires, et, fier du rôle d'ami, de médecin et de précepteur que je m'impose, je me suis senti la force d'en accomplir dignement les obligations.... »

Nous citerons encore :

1°. Le *Havre ancien et moderne*, par M. Frissart, inspecteur divisionnaire des ponts et chaussées.

2°. La *Normandie pittoresque*, publiée sous la direction de M. J. Morlent.

3°. La *Normandie poétique*, par M. Léon Buquet.

Ouvrages qui ont obtenu un succès justement mérité.

12.

CHAPITRE XI.

MONUMENS ET LIEUX REMARQUABLES

A VISITER

PAR LES ÉTRANGERS

venant au Havre.

Au Havre.

La Jetée du Nord ; — les Bassins ; — l'Entrepôt ; — la Salle de Spectacle ; — la Salle de Bals ; — la Place Louis XVI ; — le Musée-Bibliothèque.

A Ingouville.

La Côte ; — l'Hôpital ; — Frascati et ses fêtes.

A Graville.

La Nouvelle-Ville, son église et ses fabriques ; — l'Abbaye de Graville et les ruines du Prieuré.

A Sainte-Adresse.

Le village et les Phares.

A Harfleur.

L'Église et la Raffinerie de sucre.

A Orcher.

Le Château et ses promenades ; le point-de-vue de la terrasse.

A Montivilliers.

Son église et ses cloîtres ; — dans les environs, Gournay et la vallée d'Epouville ; — le château d'Écure et ses promenades.

A Lillebonne.

L'Église ; — les ruines du Cirque et celles du château d'Harcourt.

A Etretat.

La rade, les falaises et les aiguilles.

CHAPITRE XII.

VOYAGE
DU HAVRE A ROUEN

SUR LA SEINE.

DE LA VAPEUR.

« Une des plus belles applications de la force élastique de la vapeur est celle qu'on en a faite pour procurer le mouvement à diverses machines qu'on nomme en général *machines à vapeur*, et quelquefois *pompes à feu*, qui sont capables des plus grands effets. L'idée d'employer la vapeur comme force motrice est déjà très ancienne; on la trouve dans un ouvrage de Salomon de Caus, ingénieur français au service de l'Electeur palatin, imprimé en 1615.

« Mais ces premiers essais, aussi bien que ceux du marquis de Worcester, de Papin, etc. n'étaient encore que de peu d'importance. L'idée fondamentale de tous ces perfectionnemens est attribuée à un Anglais, nommé Savary; elle fut ensuite étendue et modifiée par Newcomen et Cawley, puis par Watt, auquel on doit les belles machines qui sont employées maintenant à tant d'usages différens. »

(Beudant, phy.)

L'application la plus importante des machines à vapeur, est celle qu'on en a faite à la navigation. C'est un Français, M. Duquet, qui, le premier, fit quelques essais heureux pour suppléer à la force du vent par d'autres moyens mécaniques; les expériences eurent lieu au Havre, de 1687 à 1693. En 1736, Jonatham Hull, s'appuyant sur les perfectionnemens apportés par Newcomen à la machine à vapeur, crut pouvoir l'appliquer à mouvoir les navires par des roues à aubes; mais Hull pensait que cette machine ne pouvait être employée à la mer dans une tempête et lorsque les lames font ravage. Il paraît que les projets de Jonatham Hull n'ont jamais reçu d'exécution. En 1775, M. Perrier construisit, pour la première fois, un bateau à vapeur, mais la force de la machine n'équivalait qu'à celle d'un cheval; le bateau ne put remonter la Seine, et M. Perrier abandonna ses tentatives.

Les expériences de M. Jouffroy, en 1781, sur la Saône, présentaient quelques chances de succès; mais la révolution survint et arrêta l'entreprise.

De 1785 à 1790, MM. Fitch et Rumsey, en Amérique, firent des essais qui devaient donner beaucoup d'espérances, mais se voyant mal accueillis dans leur patrie, ils vinrent en Europe pour tenter d'y faire adopter leurs inventions.

Quelques années plus tard, Fulton voyant rejeter les offres qu'il fit au premier Consul, d'employer des bateaux à vapeur pour la descente en Angleterre, transporta en Amérique la nouvelle industrie qu'il venait de créer au sein de la France. Il fut surtout encouragé dans ce dessein par M. Liwington, alors ambassadeur des Etats-Unis auprès du gouvernement français; M. Liwington était lui-même auteur de nombreuses tentatives dans le même genre.

Fulton fit construire un bateau à New-York et y plaça une machine à vapeur de la force de 20 chevaux; il l'avait fait exécuter dans les ateliers de la compagnie anglaise de Watt et Boulton. En 1807, ce bateau commença ses voyages : pour parcourir la distance de cent vingt milles, qui sépare New-York d'Albany, il mit trente-deux heures en allant et trente en revenant. Ainsi, Fulton est réellement l'inventeur de la navigation par la vapeur. Après ce succès, tout le mérite de ses devanciers s'est anéanti dans l'opinion du vulgaire.

La réussite des bateaux à vapeur en Amérique fut bientôt connue dans l'Europe; mais ce n'est qu'en 1812 que fut construit, pour naviguer sur le Clyde, le premier bateau à vapeur qui ait obtenu, dans la Grande-Bretagne, un succès décidé, et dès 1816 cette navigation était florissante et très étendue.

Cependant en France, dès 1815, des essais avaient été tentés, et les associations qui les avaient entrepris, se trouvèrent ruinées. Alors, le gouvernement français envoya aux

Etats-Unis M. de Marestier, ingénieur, et M. de Montgéry, capitaine de frégate. Leurs calculs et leurs observations rigoureuses déterminèrent le succès (*).

L'établissement au Havre des bateaux à vapeur, comme moyen de transport pour les voyageurs, date de 1818. Ce n'est que plus tard qu'on les a appliqués au transport des marchandises.

LA SEINE. — VOYAGE.

A peine le voyageur s'est-il embarqué sur l'un des deux bateaux à vapeur, qui font la navigation du Havre à Rouen, qu'il passe ra-

(*) Les renseignemens qui précèdent, ont été puisés dans le *Traité de Dynamie*, de M. Ch. Dupin.

pidement entre les deux jetées : dès qu'il les a dépassées, il découvre à sa droite le cap de la Hève garni de ses deux phares (voyez page 108). Mais à peine a-t-il eu le temps d'examiner les ravages que la mer et la tempête ont fait éprouver aux flancs de ce promontoire élevé, que déjà le bateau a viré pour entrer dans la Seine. Alors il découvre, dans toute leur beauté, les côtes de la Basse-Normandie.

La Seine, qu'il va parcourir dans un espace de plus de trente lieues, est un fleuve considérable qui a sa source en Bourgogne, près de Chanceaux, à six lieues de Dijon, traverse la Champagne, reçoit l'Yonne, le Loing, arrose l'Ile-de-France, où la Marne vient grossir ses eaux dont elle embellit Paris. Elle fait ensuite plusieurs sinuosités, forme quelques îles, coule vers Saint-Denis, traverse Vernon et les Andelis, baigne Rouen, mais arrivée à Quillebeuf elle commence à devenir très large ; elle reçoit à droite la Bolbec et la Lézarde, à gauche la Risle, et se perd dans l'Océan par une embouchure de près de trois lieues.

La Seine, dont le cours est de plus de 150 lieues, est une des plus belles rivières de la

France ; pendant l'espace de 70 lieues, depuis son embouchure, les collines, les vallées, les forêts, les enclos, les vastes prairies, les champs cultivés, les fermes éparses, les villes populeuses, les bourgs, les villages, les usines, qui bordent ses rives, forment mille paysages délicieux, qui partout servent d'ornement à ce beau fleuve.

La Seine commence à être flottable à Billy, département de la Côte-d'Or, et navigable à Marcilly, point où elle reçoit la rivière de l'Aube. La marée s'y fait sentir fortement jusqu'à Rouen, où peuvent remonter des navires de 200 tonneaux. Sans les bancs de sable mouvant de Quillebeuf, et sans quelques haut-fonds du côté de Caudebec et de la Mailleraye, les bâtimens de 400 tonneaux pourraient faire cette navigation. Ces bancs sont un des grands obstacles qu'éprouve la navigation de la Seine. Aussi tout navire entrant en rivière est obligé de prendre un pilote qui le conduit jusqu'à la Mailleraye.

Le refoulement des eaux que la force de la marée produit à l'embouchure de presque toutes les grandes rivières, et surtout à l'époque de la pleine et de la nouvelle lune et des équinoxes, se nomme *la Barre*, dans la Seine. Ce terme est consacré dans les ports de la Normandie pour désigner la marée montante dans la Seine. On la voit venir de loin, couverte de mousse et d'écume, et on l'entend mugir avec un fracas lugubre et sourd, plus de quarante minutes avant son arrivée. Parvenue sur les bancs de Quillebeuf, elle se fait sentir de la manière la plus terrible, elle remonte à contre-courant, pousse et emporte tout ce qu'elle trouve devant elle et porte partout l'effroi et la dévastation. La barre se fait sentir jusqu'à Jumièges et quelquefois au-delà de Rouen. Bernardin-de-St-Pierre faillit devenir la victime de ce phénomène. « Déjà la constellation de l'Ourse était au milieu de son cours, lorsque nous entendîmes au loin un bruit sourd, mugissant, semblable à celui d'une cataracte; je me levai imprudemment pour voir ce que ce pouvait être; j'aperçus, à la blancheur de son écume, une montagne d'eau qui venait à nous, du côté de la mer, en se roulant sur elle-même; elle occupait toute la largeur du fleuve, et surmontant les rivages à droite et à gauche, elle se brisait avec un fracas horrible, parmi les troncs des arbres de la forêt. Dans l'instant elle fut sur notre vaisseau, et le rencontrant en travers, elle le coucha sur le côté : ce mouvement me fit tomber dans l'eau. Un moment après, une seconde vague, plus élevée que la première, fit tourner le vaisseau tout-à-fait. Je me souviens qu'alors j'entendis sortir une multitude de cris sourds et étouffés de cette carcasse renversée ; mais, voulant appeler moi-même mon ami à mon secours, ma bouche se remplit d'eau salée, mes oreilles bourdonnèrent, je me sentis emporter avec une extrême rapidité et bientôt après, je perdis toute connaissance. »   (*Arcadie.*)

Entrés dans la Seine nous découvrons à gauche les fortifications du Havre, le village de l'Eure ; plus loin le Hoc, pointe sur laquelle s'élève un édifice qui devait servir de Lazaret lors de l'invasion de la fièvre jaune. Un peu plus loin, au pied de deux coteaux, on voit paraître la flèche blanchâtre d'Harfleur (voyez page 111) ; à droite Honfleur (départ. du Calvados), situé entre la côte

Vassal et celle de Grâce. Il paraît, d'après les récits de plusieurs historiens, que cette ville occupait, dans les temps moyens de la monarchie, un rang honorable parmi les ports de la province, puisque, sous François 1er, elle était pourvue d'un château, de murailles et de portes défendues par des bastions dont il reste encore des debris. Honfleur présentait le seul point d'où l'on pût défendre l'embouchure de la Seine contre l'audace des flottes ennemies. Quelques chroniqueurs font remonter son origine au temps de Jules-César. Quoi qu'il en soit, Honfleur fut souvent le théâtre d'événemens remarquables lors de l'invasion de la Normandie par les Anglais, et pendant les guerres civiles soutenues par les Calvinistes : elle fut prise par les uns et par les autres, mais Henri IV s'en empara sur la Ligue, et depuis elle est restée au pouvoir des rois de France.

Le port d'Honfleur a fourni d'intrépides navigateurs. C'est de ce lieu que Binot-Paulmier-de-Gonneville partit pour les Indes ; il fut jeté sur la côte de Madagascar qu'il prit pour celle des terres australes. En 1617, le nommé Lelièvre, natif d'Honfleur, sortit de Dieppe avec trois vaisseaux et commença des liaisons commerciales avec les souverains d'Achem, de Java et de Sumatra.

La situation d'Honfleur est très agréable ; cette ville, bâtie en amphithéâtre au pied d'une colline, au sommet de laquelle on parvient par une pente insensible, présente, lorsqu'on arrive par la route de Rouen, un coup d'œil très remarquable. Les restes d'un vieux château, appelé la Lieutenance, que l'on aperçoit encore à l'entrée du port, contribuent à rendre la perspective plus intéressante. La population, d'environ 15,000 âmes au 17e siècle, est à peine aujourd'hui de 8000 individus.

A l'ouest de la ville d'Honfleur, au sommet d'une côte escarpée qu'on nomme la Côte de Grâce, on rencontre la Chapelle de Grâce remarquable par le site enchanteur qu'elle présente et par les visites religieuses que les marins viennent y rendre en action de grâces des dangers auxquels ils ont échappé.

Les ruines du château de Tancarville se dessinent à gauche sur le bord de la rive. C'était autrefois la demeure des barons de

Tancarville, célèbres par leurs exploits. Ils obtinrent du roi Jean, en 1352, l'érection de cette baronnie en comté. Sous la régence, la terre de Tancarville fut acquise par le célèbre écossais Law. Cette propriété devint par la suite le domaine seigneurial des Montmorency; elle appartient aujourd'hui à madame la maréchale Suchet. Les ruines du château de Tancarville reçoivent souvent des paysagistes et des amateurs des monumens féodaux. M. Lebrun a composé, dit-on, au château de Tancarville sa belle tragédie de Marie-Stuart.

La ville de Quillebeuf (département de l'Eure), que l'on aperçoit à droite presque en face du château de Tancarville, est assise au pied d'une côte escarpée. C'est le long d'un quai construit depuis quelques années que les bâtimens viennent attendre les marées favorables à leurs diverses destinations. La navigation de la Seine devient pénible et périlleuse dans cet endroit; aussi l'autorité a formé dans ce port un établissement de pilotes expérimentés, destinés à guider les marins au milieu des périls qui les environnent. La ville de

Quillebeuf a une population de 1500 âmes : sous le rapport commercial, cette ville présente peu d'intérêt, mais les souvenirs historiques qu'elle rappelle méritent de fixer l'attention du voyageur.

A l'époque de la Ligue, Henri IV avait donné ordre de fortifier ce port. Mayenne, appréciant la position de son frère d'armes Villars, qui, tenant alors dans Rouen pour les Catholiques, ne recevait de secours que par les eaux de la Seine, résolut de s'en emparer. A la tête de 8000 hommes, et secondé par une artillerie formidable, il vint mettre le siége devant la place. Bellegarde, qui la défendait, força les Catholiques de renoncer à leur entreprise après deux assauts dans lesquels ils perdirent plus de 600 hommes.

Sous Louis XIV, le chevalier de Rohan, cadet d'une des plus grandes maisons de la monarchie, s'était engagé, par l'entremise d'un certain Vandeveuse, à livrer Quillebeuf aux Hollandais en guerre avec la France, et qui cherchaient depuis long-temps à faire des descentes sur les côtes de la Normandie. Mais ce projet coupable fut déjoué par le roi d'Angleterre qui en informa Louis XIV, et les coupables furent exécutés.

Sur la rive opposée à Quillebeuf on découvre, au milieu d'un vallon, Lillebonne, ancienne capitale des Calètes (*Voir* page 121).

Villequier, bourg de l'arrondissement d'Yvetot, est dans une charmante situation au pied d'un coteau boisé dont le sommet est couronné par un château. Villequier est la station des pilotes-lamaneurs qui dirigent les bàtimens depuis Villequier jusqu'à la Mailleraye. Au-delà de ce point, la navigation ne présente plus de danger. Villequier est la seconde posée de la Seine; c'est là que s'arrêtent, soit en montant, soit en descendant, les navires qui attendent la marée ou le revif.

Un instant après avoir quitté Villequier, et sur la même rive, on aperçoit bientôt les beaux quais ombragés de Caudebec, jolie ville de l'arrondissement d'Yvetot et peuplée de 3000 habitans. Elle se présente resserrée entre deux collines dont les flancs escarpés sont parsemés de jolies maisons et de jardins suspendus. Du milieu de la gorge s'élève le beau clocher en pierre qui surmonte l'église de Caudebec; ses arêtes dentelées, ses ornemens délicats et légers, ressortent avec netteté sur la teinte rembrunie des bois. Le devant du tableau est occupé par le port qu'animent les nombreux navires qui, au moment de la marée, remontent la Seine pour aller porter à Rouen les objets de consommation que le commerce de cette grande cité livre au reste de la France. L'origine de Caudebec ne remonte qu'au 9e siècle. Cette ville subit, comme beaucoup d'autres, le joug de l'Angleterre; mais elle eut du moins la gloire de chercher à s'en affranchir. Durant les guerres de la Ligue, Caudebec fut assiégé par le fameux Farnèse, duc de Parme, qui fut mortellement blessé sous ses murs.

L'industrie de Caudebec consiste en gants de chevrotin, en fabriques de chapeaux. Boileau a immortalisé sa réputation sous ce dernier rapport :

> Pradon a mis au jour un livre contre vous ;
> Et chez le chapelier du coin de notre place,
> Autour d'un Caudebec, j'en ai lu la préface.
>
> (*Epitre à Lamoignon*)

Un incendie qui consuma une partie de la ville, et la révocation de l'édit de Nantes portèrent à l'industrie de Caudebec deux coups dont il ne s'est jamais relevé.

Plus loin à droite, la Mailleraye, joli village et beau château sur les bords de la Seine, près de la forêt de Brotonne. Le château de la Mailleraye est un édifice très vaste, dont les terrasses élevées et les constructions irrégulières sont parallèles au cours de la Seine. Le parc peut être comparé aux charmans jardins de Méréville, de Morfontaines ou d'Ermenonville. Les curieux vont surtout visiter la ferme située au milieu de hautes-futaies, la ménagerie d'oiseaux aquatiques qui peuplent les étangs de cette enceinte, l'hermitage, le colombier, etc. C'est à la Mailleraye que se trouvent les premiers chantiers de construction navale que l'on rencontre depuis Rouen. On aperçoit de la Mailleraye les restes de l'abbaye de Jumiéges, dont les clochers encore debout attestent l'antique splendeur de cette maison, située à peu de distance de la rive droite de la Seine. L'abbé Philibert fonda cette abbaye vers 661, sur un terrain qu'il tenait de la mu-

nificence de Clovis II, et qui avait près de
quatre lieues de circuit. En 841, les Normands brûlèrent et saccagèrent ce monastère.
Guillaume-Longue-Epée, successeur de Rollon,
la fit reconstruire, et ce sont les ruines de ces
constructions qu'on admire encore aujourd'hui.
Charles VII aimait beaucoup Jumiéges et y ré-
sida long-temps; c'est là qu'il perdit la belle
Agnès Sorel. C'est à Jumiéges que Tassilon,
duc de Bavière, vaincu par Charlemagne,
contre lequel il s'était révolté, vint cacher sa
honte et ses remords, et c'est là qu'il embrassa
la vie monastique avec son fils Thendon, après
avoir eu la tête rasée en punition de sa félonie.

Le village de la Bouille est bâti sur la pente
et au pied d'un coteau escarpé, près de la
forêt la Londe, sur la rive gauche; un vieux
château presqu'entièrement détruit, et dont
on découvre à peine les ruines, couronne le
sommet du coteau; ce fut, selon la tradition,
la demeure de Robert-le-Diable qui en fit une
forteresse importante. Il fut démoli par ordre
de Jean-sans-Terre, lorsque ce dernier abandonna ses provinces d'outre-mer aux Français
vainqueurs.

14

« Robert-le-Diable était fils d'un ancien gouverneur de la Neustrie. Le bruit de ses déportemens a retenti plus long-temps dans la contrée que la renommée de sa race. Tout le monde connaît, aux environs du château, Robert-le-Diable, ses exploits aventureux, ses amours désordonnées, ses violentes victoires et les infructueuses rigueurs de sa pénitence qui ne peuvent fléchir le ciel. Les cris de ses victimes résonnent souvent dans les souterrains du nord et viennent le glacer d'effroi dans ses promenades nocturnes; car Robert est condamné à visiter long-temps les ruines de son château et le tombeau de ses maîtresses.

« S'il faut en croire les plus anciens de la contrée, on a vu Robert, encore vêtu de la tunique flottante d'un hermite, comme le jour où il fut enseveli, parcourir les environs de son château, et visiter, les pieds nus, la tête échevelée, le petit recoin de la plaine où devait être placé le cimetière (*). »

La Bouille est un lieu de grand passage;

(*) Voyage pittoresque et romantique dans l'ancienne France.

c'est là que s'embarquent les voyageurs qui se rendent à Rouen en arrivant de Pont-Audemer et des villes du Calvados. Près de ce lieu sont les carrières de Caumont d'où l'on tire la meilleure pierre à bâtir de tout le littoral de la Seine.

Nous voici enfin près de Rouen : le faubourg Saint-Sever se dessine à droite; il était autrefois défendu par une forteresse bâtie par Henri V, roi d'Angleterre. Détruite il y a un demi-siècle, elle a subi le sort de la plupart des monumens du moyen âge qui s'élevaient dans ce faubourg. De vastes ateliers, d'immenses manufactures occupent maintenant les lieux consacrés jadis au culte monastique.

A gauche, Rouen, chef-lieu du département de la Seine-Inférieure, dont l'origine se perd dans la nuit des temps, mais dont l'importance ne date que de la conquête du fameux Rollon, premier duc de Normandie. Sans nous arrêter aux événemens historiques dont cette ville a été successivement le théâtre et quelquefois la victime, nous indiquerons à l'étranger les monumens et les sites qui méritent de fixer son

attention dans cette cité, l'une des plus importantes du royaume.

Bien que la révolution et l'industrie aient
renversé ou destiné à des ouvrages utiles les
édifices remarquables que les siècles avaient
respectés, il en reste encore assez pour occuper
l'attention publique. On remarque d'abord la
Cathédrale, étonnante par ses proportions co-
lossales; la tour méridionale renfermait autrefois la fameuse cloche appelée George-d'Am-
boise, due à la munificence du cardinal de ce
nom; elle pesait 35000 livres, selon l'astronome
Lalande. Autour on lisait en caractères gothiques les vers suivans :

> Je suis nommée George-d'Amboise,
> Qui bien trente-six mille poise ;
> Et cil qui me poisera,
> Quarante mille y trouvera.

Cette cloche fut brisée en 1793 et convertie
en canons.

L'eglise Saint-Ouen, chef-d'œuvre d'architecture sarrazine; Saint-Macloux, célèbre par ses
bas-reliefs autant que par la délicatesse des
ornemens de son portail ; Saint-Godard, Saint-
Vincent, ainsi qu'une foule d'autres églises in-

téressantes par leur architecture ou par l'antiquité de leur origine. L'hôpital est un des plus beaux et des mieux servis qu'il y ait en France; les halles, renommées par leur vaste étendue; la douane, enrichie d'un fronton sur lequel on remarque un morceau sculpté par Coustou ; des casernes magnifiques ; deux bourses, dont l'une est connue sous le nom *des Consuls;* l'autre, sur le quai, est plantée d'arbres, et offre une promenade agréable; un palais-de-justice destiné d'abord aux séances de l'Échiquier et ensuite aux assemblées du Parlement. On remarque encore à Rouen, l'hôtel des monnaies, l'hôtel-Dieu, le collége royal, le jardin de botanique, l'hôtel de Bourg-theroude; le musée, fondé en 1809 par Napoléon, qui le dota de plusieurs tableaux; la bibliothèque publique qui se compose de 28,000 volumes et de 1,100 manuscrits; la maison de Pierre Corneille, et celle de Fontenelle; la place de la Pucelle, autrefois *Marché aux Veaux,* sur laquelle Jeanne-d'Arc fut brûlée vive en 1431 : on y a élevé une statue à cette héroïne.

La terrasse du château de Canteleu est un

14.

des plus beaux points que l'on indique au voyageur jaloux d'étudier les beautés des environs
de Rouen. Le petit village de Notre-Dame-de-
Bon-Secours , et l'île de Sainte-Croix sont encore des points d'où l'on peut jouir du tableau
ravissant que présente Rouen et ses campagnes
verdoyantes baignées des eaux de la Seine.

Les promenades ne manquent point à Rouen :
indépendamment des boulevards, du Cours-
Dauphin et de la belle avenue du Mont-Ribou-
det , il existe encore un endroit public appelé
Cours-la-Reine , en possession d'attirer les promeneurs sous les ormes qui l'embellissent.

Le peuple actif et ingénieux qui habite
Rouen a su tirer parti de la position géographique de cette ville. La marée qui lui procure
l'avantage de recevoir dans son port les bâtimens marchands , peut la faire regarder comme
une ville maritime. La Seine, qui lui ouvre des
communications faciles avec le Havre, Paris et
l'intérieur , permet aux négocians de s'y livrer
à de grandes spéculations dans tous les genres.
Le commerce de Rouen doit être envisagé
sous deux rapports : l'un d'entrepôt des principales productions qu'importent sur notre ter-

ritoire les différentes puissances du globe, l'autre dans l'exportation des produits du sol et des manufactures françaises.

L'industrie immense de cette cité s'exerce principalement sur la fabrication des tissus de coton connus sous le nom général de Rouenneries. Les teintures de Rouen et les blanchisseries de toile sont renommées.

Rouen est la patrie de :

ADAM (Ed.), chimiste.

AUZOUT, poète et astronome du XVIIe siècle.

BASNAGE, avocat, auteur d'un commentaire sur la *Coutume de Normandie*.

BELLANGÉ, peintre du XVIIe siècle.

BENSERADE, poète du XVIe siècle.

BERRUYER, jésuite historien.

DESMARES-DE-CHAMPMESLÉ (Mlle), actrice célèbre du Théâtre-Français; elle eut des relations intimes avec Racine, qui lui avait donné des leçons de déclamation.

CUVÉLIER-DE-LA-SALLE, célèbre navigateur.

CORNEILLE (Pierre), le père de la tragédie française.

CORNEILLE (Thomas), poète tragique, frère du précédent.

Daniel, auteur d'une histoire de France.

Declieu, qui naturalisa le café dans nos colonies.

Desfontaines, traducteur de Virgile.

Du Bocage (Mme), auteur.

Fontenelle, neveu de Corneille, poète, littérateur et astronome.

Godefroy, l'un des premiers graveurs français.

Jouvenet, peintre célèbre du xviie siècle.

Pradon, immortalisé par les satires de Boileau.

Restout, peintre distingué du xviiie siècle.

Rouen a donné naissance à un grand nombre d'autres personnages distingués dont les noms devenus célèbres attestent que l'industrie et le commerce n'ont pas exclu de cette grande cité la culture des sciences, des lettres et des beaux-arts.

(Extrait des ouvrages intitulés : *Excursions sur les côtes et dans les ports de la Normandie*, et du *Dictionnaire géographique des Communes de France*.)

CHAPITRE XIII.

VOYAGE

DU HAVRE A CAEN

PAR LE BATEAU A VAPEUR.

Deux bateaux à vapeur sont affectés au trajet du Havre à Caen : le *Calvados* et la *Neustrie*. Les départs ont lieu tous les jours de l'un et de l'autre point. Ces bateaux transportent des passagers et des marchandises. La durée du passage est ordinairement de 4 heures.

A peine le bateau a-t-il franchi les jetées, qu'un magnifique spectacle se déroule aux yeux du voyageur : à droite, les bains Frascati, les chantiers de construction; la Hève, ses phares et ses signaux; en arrière, les deux jetées, le chenal, l'avant-port et ses navires; la côte d'Ingouville et son magnifique amphithéâtre; à gauche, l'embouchure de la Seine et les côtes de la Basse-Normandie.

En reprenant le littoral on aperçoit Honfleur, puis l'embouchure de la Touque, au-dessous de Touques et de Trouville. La Touque descend de la forêt d'Ouche, près de l'ancienne abbaye de Saint-Evroul, passe à Lisieux et à Pont-l'Evêque et se jette dans la mer après avoir reçu dans son cours l'Obriquet et la Calonne.

Un peu plus loin, c'est l'embouchure de la Dive qui descend du département de l'Orne et se jette dans la mer au-dessous du bourg de Dives. C'est à l'embouchure de cette rivière que Guillaume-le-Bâtard rassembla l'armée navale avec laquelle il alla conquérir l'Angleterre.

L'embouchure de l'Orne se présente quelques instans après. L'Orne prend sa source près de la ville de Seès, traverse les villes d'Argentan et de Caen, et vient se jeter dans

la mer. Les courans qui existent à l'embouchure de cette rivière déplacent les bancs de
sable qui sont en cet endroit et présentent
de continuels dangers. Autrefois la mer s'a-
vançait dans l'intérieur à une distance beaucoup plus grande et elle venait former autour
de la ville de Caen une baie qui était très fré-
quentée par les navires du Nord. Le temps a
desséché cette baie et, dès le règne de François Ier, la navigation de l'Orne éprouvait déjà
des retards préjudiciables au commerce. Ce
prince accorda dès-lors le droit de creuser un
canal, mais ce ne fut qu'en 1781 que ce projet
fut mis à exécution. Depuis, on comprit la nécessité de donner plus d'importance et de sé-
curité à la navigation de l'Orne ; M. Patu,
ingénieur en chef du département, conçut le
projet de canaliser l'Orne de manière à ce
qu'il y eût toujours cinq mètres d'eau. Le canal devait être précédé d'un bassin de 300
mètres de longueur et de 100 de largeur,
creusé dans les jardins de la ville. Ce plan est
en voie d'exécution.

La rivière de Caen est défendue à son entrée
par deux petits forts. Le premier est celui de

Ouistreham, placé à très peu de distance du village de ce nom. Le fort de Ouistreham, qui a aujourd'hui une destination toute pacifique, est muni d'une tour au haut de laquelle est allumé un feu qui sert de phare aux marins qui fréquentent la nuit ces parages dangereux.

Le village de Ouistreham est d'une origine fort ancienne. Dans les commencemens de la féodalité, il était soumis à l'abbaye de la Ste-Trinité de Caen. Dès le onzième et le douzième siècle, son port présentait une certaine importance. Mais à une époque plus rapprochée (sous le règne de Louis XV), l'un de ses habitans, par son courage et son sang-froid, empêcha la réussite d'une tentative dont les résultats auraient eu les plus fâcheuses conséquences : le 12 juillet 1762, une escadre anglaise avait mouillé à l'entrée de la nuit dans la rivière de l'Orne; sa mission était de s'emparer d'un convoi de bois de construction en destination de Brest. La côte n'était pas défendue; Michel Cabrieux, sergent des milices garde-côtes, s'empare d'un tambour, bat la charge, donne des ordres à haute voix, se porte en un instant sur différens points de la côte où il lâche des coups de fusil et fait ainsi croire aux Anglais que tout le monde est en armes et prêt à faire bonne contenance. La descente n'eut pas lieu et ce ne fut qu'après 1789 que le courage de Cabieux fut récompensé par une petite pension.

Plus loin, près du rivage, se trouve le village de Lion-sur-mer, 1400 habitans; c'est la plus belle plage de Normandie. Deux lieues de sable jusqu'à l'embouchure de l'Orne rendent sa position des plus agréables pour les bains de mer; un service journalier de voitures se fait régulièrement de cet endroit à Caen qui n'en est éloigné que de deux lieues et demie; on y trouve des hôtels, des restaurans et des maisons garnies. Il y a dans ce village une des plus belles propriétés de Normandie : ce domaine, qui appartenait à une abbaye, fut donné par Henri IV au messire le Sens de Folleville, marquis de Lion, en récompense de la grande valeur qu'il avait montrée dans divers combats. Le dernier descendant de cette famille était M. le Sens de Folleville, marquis de Lion, décédé en 1819 premier président à la cour royale d'Amiens; Napoléon l'avait nommé baron de l'empire.

15

Le village de Marville, dont on aperçoit le fort à gauche, et celui de Sallenelles n'offrent rien de remarquable.

On aperçoit ensuite à gauche le village d'Amfreville dont la petite église, bâtie par les Anglais, se découvre dans le lointain.

Le hameau du Port, dépendant de la commune de Bénouville, est habité par des pêcheurs sablonniers. Son bac sert de communication entre le bassin et la vallée d'Auge. A quelque distance du hameau, il y a une enceinte retranchée qui défendait la rivière contre les incursions des Barbares. En face du hameau du Port est situé Lécarde. De l'autre côté se trouve le château de Bénouville. Presque immédiatement et à gauche, on se trouve à Ranville dont on ne voit que les carrières qui cachent les maisons bâties dans un fond. Les carrières de Ranville fournissent une pierre assez dure employée pour la bâtisse et qui est exportée jusqu'en Angleterre.

Sur le même plan et au bord de la rivière, s'étend le hameau de Longueval : situé sur le penchant d'un coteau, son aspect est très pittoresque. En face se trouve le village de Blainville bâti sur une élévation. Hérouville tient à Blainville, ces deux villages sont séparés de la rivière par de vastes pâturages. Hérouville était célèbre autrefois par une foire appelée Saint-Clair, par une chapelle sous l'invocation de Sainte-Marguerite, qui procurait aux femmes enceintes une heureuse délivrance, et par une fontaine consacrée à Saint-Clair, dont les eaux avaient la merveilleuse vertu de rendre la vue aux aveugles. La foire existe toujours, mais les pélerins sont moins nombreux.

Plus loin, l'Orne partage en deux le village de Colombelles qui n'a de remarquable que de nombreuses maisons de campagne habitées l'été par des propriétaires de Caen.

Mondeville, qui vient après Colombelles, est pour ainsi dire le faubourg de Caen ; Mondeville, ou plutôt les guinguettes de Mondeville, sont le but de promenade de la population laborieuse de Caen. C'est là que le dimanche, ils vont oublier les fatigues de la semaine, en fêtant tour à tour la danse et le bon cidre de Normandie.

Après avoir glissé au milieu de belles prairies, et traversé les belles allées du cours Cafarelli, on arrive enfin au port de Caen dont on aperçoit les deux quais.

Caen, chef-lieu du département du Calvados, fut autrefois la capitale de la Basse-Normandie. Les auteurs latins la nomment *Cadomum*. Cette ville n'eut d'importance que dans le xiiie siècle. Elle possède un grand nombre d'églises d'une architecture gothique très remarquable. Il faut visiter le Cours-la-Reine, le vieux château, l'abbaye de Saint-Etienne, fondée par Guillaume-le-Conquérant, et l'abbaye aux Dames, fondation pieuse de Mathilde, femme de ce prince ; l'hôtel-de-ville, la bibliothèque, le musée de peinture, le cabinet d'histoire naturelle, la maison centrale de détention de *Beaulieu*, à un quart de lieue de Caen, etc.

FIN

TABLE DES MATIÈRES.

INTRODUCTION *historique et statis-*
tique.   page 1

TABLEAU *des 122 communes de l'ar-*
rondissement, avec leur population et la distance du chef-lieu.   5

CHAPITRE Ier. LE HAVRE.   9

Monumens publics.   17

Tour François Ier.   19

Hôtel-de-Ville.   21

Bourse.   22

Portes du Havre.   23

Arsenal de la Marine.   24

Citadelle.   26

Eglise Notre-Dame.   27

Eglise St-François.   30

Palais de Justice.   31

Musée-Bibliothèque.   32

Place Louis XVI.   39

Salle de Spectacle.	page 41
Salle de Bals et de Concerts.	43
Place Louis-Philippe.	45
Bassins	46
Jetées.	49
Temple des Protestans.	51
Couvent des Ursulines.	52
Maison de Bernardin-de-St-Pierre.	53
Commerce.	54
Tableau des lignes régulières.	55
Tableau indiquant les distances des traversées, leur durée, etc., etc.	56
Industrie.	57
Instruction publique.	58
Eclairage.	60
Fontaines.	61
Dock Flottant.	62
Entrepôt Réel.	63
Manufacture des Tabacs.	65
Douane.	66
Chemin de Fer.	67
Tarif des voyageurs.	69
Heures des départs.	71
Tarif des transports des marchandises par kilomètre.	72
Frais accessoires.	73
Tarif des Finances et Valeurs.	74
Tarif du Transport des voitures	75

Tarif du transport des chevaux.   page 75
Frais Accessoires.   75
Factage.   76
Poste aux Lettres.   78
Diligences Publiques.   82
Voitures de Place et Remises.   84
Chevaux de selles et Voitures à volonté.   85
Paquebots à vapeur et bateaux passagers.   86
Bains Publics.   86

CHAPITRE II. INGOUVILLE.   87
Industrie.   92

CHAPITRE III. GRAVILLE.   95
Industrie.   98
L'EURE.   100

CHAPITRE IV. Ste-ADRESSE.   102
Phares.   108
SANVIC.   109

CHAPITRE V. HARFLEUR.   111
ORCHER.   115

CHAPITRE VI. MONTIVILLIERS   117

CHAPITRE VII LILLEBONNE.   121

CHAPITRE VIII. BOLBEC.   125

CHAPITRE IX. FÉCAMP.   127
ÉTRETAT.   129

Chapitre x. BIOGRAPHIE.   page 131
      Bibliographie.   136

Chapitre xi. MONUMENS et LIEUX REMARQUABLES à visiter par les étrangers venant au Havre.   139

Chapitre xii. VOYAGE *du Havre à Rouen sur la Seine.*   141

Chapitre xiii. VOYAGE *du Havre à Caen par le bateau à vapeur.*   165

FIN DE LA TABLE.

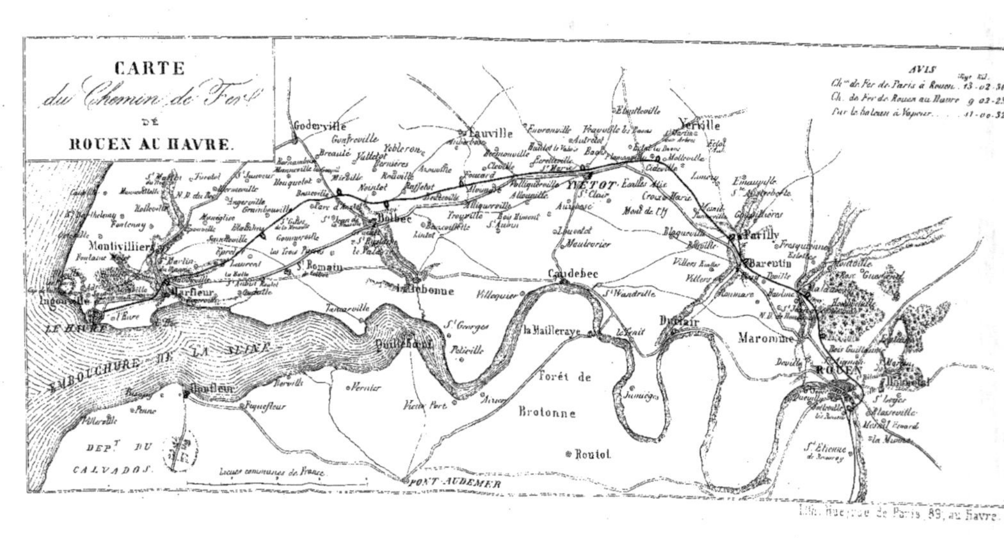
CARTE
du Chemin de Fer
DE
ROUEN AU HAVRE.
AVIS
Ch. de Fer de Paris à Rouen. 13.02.36
Ch. de Fer de Rouen au Havre 9.02.23
Par le bateau à Vapeur 11.00.32
Goderville
Lauville
Yerville
YVETOT
Bolbec
Montivilliers
Harfleur
LE HAVRE
Lillebonne
Caudebec
Barentin
Pavilly
Maromme
ROUEN
EMBOUCHURE DE LA SEINE
Honfleur
Forêt de Brotonne
Routot
DEPT DU CALVADOS.
PONT AUDEMER

OUVRAGE

qui se trouvent à la Librairie de...
rue de Paris, 89

NOUVEAU GUIDE

DES MÈRES DE FAMILLE

par le Docteur MAIRE, du Havre

Un beau Volume in-8° de 400...

PRIX — 5 F. BROCHÉ

Cet Ouvrage a été honoré des souscriptions...
AA. RR. et approuvé par l'Académie de Médecine

BEAU CHOIX D'OUVRAGES

de Littérature, d'Éducation et de...

LIVRES DE PIÉTÉ

Assortiment d'Ouvrages pour la Navigation et Pêche

Journal LE HAVRE,

Feuille Commerciale, Industrielle, Littéraire et...

Prix de l'Abonnement pour un an...